LA NATURALEZA

ACTIVIDADES, DESCUBRIMIENTOS, TRABAJOS MANUALES, JUEGOS Y AVENTURAS

UN LUGAR DE RECREO

LA NATURALEZA
ACTIVIDADES, DESCUBRIMIENTOS, TRABAJOS MANUALES, JUEGOS Y AVENTURAS
UN LUGAR DE RECREO
FIONA DANKS
JO SCHOFIELD
BLUME

Para Connie, Dan, Edward, Hannah y Jake – y para el explorador innato que todos llevamos dentro.

Título original:
Nature's Playground

Traducción:
David N. M. George
Licenciado en veterinaria

Diseño:
Caroline de Souza

Coordinación de la edición en lengua española:
Cristina Rodríguez Fischer

Primera edición en lengua española 2007

Av. Mare de Deu de Lorda, 20
08034 Barcelona
Tel. 93 205 40 00 Fax 93 204 14 41
E-mail: info@blume.net

ISBN: 978-84-9801-189-0

Impreso en Singapur

SALGAMOS FUERA DE CASA

LA PRIMAVERA

EL VERANO

EL OTOÑO

EL INVIERNO

DURANTE EL AÑO

DESPUÉS DEL OCASO

MÁS INFORMACIÓN

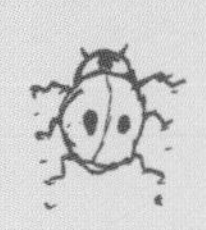

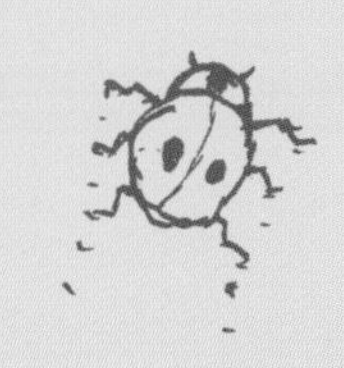

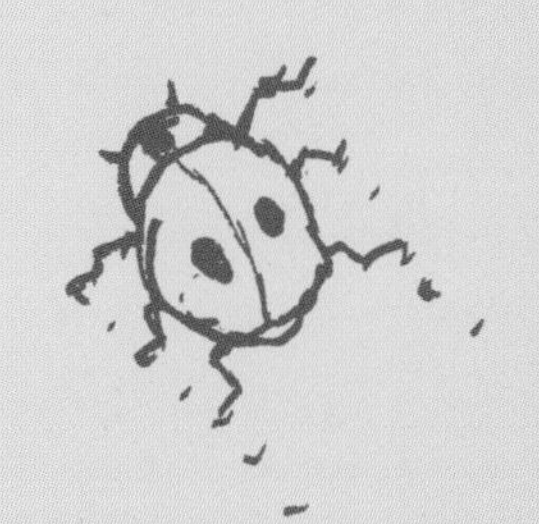

SALGAMOS FUERA DE CASA

LUGARES DE RECREO EN LA NATURALEZA

Imagínese a los niños trepando por las ramas de un viejo árbol o construyendo una presa en un riachuelo con palos y piedras. Imagínelos creando arcos y flechas en la espesura del bosque u observando, maravillados, cómo una arrugada libélula sale de su crisálida. Todo esto son juegos fuera de casa: juegos imaginativos, aventuras emocionantes y descubrimientos sorprendentes. La naturaleza es un lugar para explorar, aprender sobre los riesgos, adquirir más confianza y dejarse llevar por la imaginación. Este libro anima a los adultos y a los niños a apreciar y disfrutar juntos de la naturaleza y, por encima de todo, a divertirse dentro de la libertad que proporciona el gran mundo exterior.

> «Trata bien a la tierra. No te la han legado tus progenitores, sino que te la han prestado tus hijos.»
> *Proverbio de los nativos americanos*

La luz del sol se filtra por la ventana y empieza un día libre de obligaciones. En el exterior, las hojas de los árboles se despliegan bajo el sol primaveral, las primeras golondrinas vuelan y descienden en picado y el estanque cercano está lleno de renacuajos. Dentro de casa, niños apáticos haraganean viendo dibujos animados en la televisión, juegan con el ordenador y se pelean por tonterías. Un poco de aire fresco y de ejercicio les haría mucho bien, pero la alegre sugerencia de un paseo despierta abucheos, quejas y lamentos: «Estoy demasiado cansado». ¿Le resulta familiar? ¿Le recuerda a esos días en los que parece como si nada en este mundo pudiera persuadir a sus díscolos hijos a apagar el televisor, ponerse las botas y salir de casa?

Las buenas noticias son que no tiene por qué ser así. Imagínese que cambiaran las tornas y sus exuberantes hijos fueran los que tiraran de usted para salir y vivir aventuras. Puede que quieran construir una guarida secreta y poner a prueba su capacidad de supervivencia, construir casitas para elfos y buscar animalillos escondidos en un estanque. Quizás quieran buscar tesoros de la naturaleza, recogiendo hojas y semillas para hacer una alfombra mágica, o deseen recolectar cestas de frutos silvestres para cocinar una tarta. Si cada salida al exterior consistiera en una osada expedición o un nuevo descubrimiento, los niños nos rogarían que les sacáramos de casa, para así acabar de construir su guarida, subir a un árbol o buscar renacuajos.

Si les damos la oportunidad, los niños descubrirán las maravillas y la emoción del mundo exterior. Sin embargo, con mucha frecuencia, los adultos pasan deprisa por los lugares silvestres, arrastrando a los niños tras de sí. Si se toma algún tiempo para detenerse y explorar, hará que estas expediciones resulten mucho más divertidas para todos. Este libro anima a las familias a llegar un poco más lejos en estas experiencias fuera de casa, a sumergirse en la naturaleza y a dejar que su imaginación vuele. Un paseo por los ejidos puede convertirse en una peligrosa cacería en busca de dinosaurios (en este caso, lagartijas) tomando el sol, y una caminata al lado de un estanque puede transformarse en una carrera de barquitos hechos de ramitas y juncos. Y cada minuto de cada día no tiene por qué estar lleno de ruido y actividad. A los niños también les gustan los momentos tranquilos en lugares especiales, estirarse entre la hierba alta, rodeados de grillos que cantan, o gandulear entre las soleadas rocas observando las idas y venidas del agua de una charca alimentada por las mareas.

Jugar fuera de casa debería formar parte fundamental de la niñez, y aun así se corre el peligro de arrinconar a nuestros niños en habitaciones mal ventiladas…

Muchos padres y abuelos comparten experiencias infantiles de días interminables de libertad en los que salían de casa por la mañana y no regresaban hasta después de la hora de cenar. No tenían juegos de ordenador, teléfonos móviles, equipos de alta fidelidad ni Internet: simplemente tenían amigos y salían fuera a jugar juntos. En la actualidad, la forma de ser de los niños ha cambiado, y muchos abuelos observan, alarmados, una generación materialista rodeada de juguetes de plástico, pero que carece de oportunidades para confiar en su imaginación.

Jugar fuera de casa debería formar parte fundamental de la niñez, y aun así se corre el peligro de arrinconar a nuestros niños en habitaciones mal ventiladas, llenas de tranquilizantes electrónicos. Las sociedades benéficas dedicadas a la infancia creen que todo niño debería disponer de la oportunidad de jugar cerca de su casa, aunque sus investigaciones muestran que los adultos intolerantes tienden a no dejarles jugar fuera de casa, mientras les acusan de ser una molestia y de hacer demasiado ruido. Como la vida de los niños se torna cada vez más sedentaria, también aumentan las preocupaciones sobre la mayor incidencia de la obesidad infantil y de otros problemas físicos y emocionales.

Aun así, la naturaleza nos proporciona un lugar de recreo para una diversión sencilla, no estructurada y saludable. No muy lejos de la casa de mi familia brota un manantial de la tierra que llena un estanque descuidado y que fluye, alejándose, en forma de un riachuelo. Edward, de doce años, y sus amigos, han pasado allí muy buenos ratos, trepando entre las ramas de los sauces circundantes, construyendo refugios y buscando ranas y tritones. Hacen lo que quieren y viven sus propias aventuras.

En plena naturaleza, las familias pueden divertirse sin gastar dinero en juguetes caros ni en parques temáticos. Los niños pueden jugar y aprender a su ritmo, siguiendo sus propios intereses y su entusiasmo. La exploración del entorno desde una edad temprana ayuda a los niños a convertirse en adultos curiosos que querrán saber más del mundo. Por supuesto, los padres quieren que sus hijos crezcan dominando los ordenadores y con todas las habilidades necesarias para sobrevivir en el mundo actual, pero se debería alcanzar un equilibrio. Los niños deben aprender a usar las herramientas del siglo XXI sin perder su cariño y su respeto innatos por la naturaleza.

Por desgracia, muchos niños crecen apartados de la naturaleza y se muestran temerosos en el campo, ya que carecen de los límites claros de la «civilización». En la carrera por alcanzar los nuevos cambios y el «progreso», nuestras vidas se alejan cada vez más de los ritmos naturales, y parece que hay gente ansiosa por mantener todas las cosas silvestres apartadas. La vida de los antiguos se acoplaba perfectamente a los ciclos naturales: eran conscientes de que formaban parte integral del mundo y sabían cómo sacar provecho de él sin abusar. En la actualidad, el único contacto que la gente tiene con la naturaleza es sentir el calor del sol y la humedad de la lluvia, aunque todavía la vida depende de los ritmos de la naturaleza.

Si queremos que los que van a cuidar el mundo el día de mañana amen y comprendan la naturaleza, deberán explorarla, disfrutarla y reconocer los lazos que nos ligan a ella. Debemos arrancar todas las capas que hay entre la naturaleza y nosotros y proporcionar a los niños oportunidades para volver a entrar en contacto con el mundo natural. Los niños pequeños tienen una verdadera afinidad con la naturaleza, una curiosidad insaciable y la capacidad de maravillarse con los más mínimos detalles. Quedarán extasiados al ver una mariquita trepando por un tallo, o se pondrán en cuclillas para estudiar a un disciplinado ejército de hormigas que transportan trocitos de hojas a su hormiguero. Soplarán las inflorescencias de los dientes de león, contando el tiempo o canturreando «me quiere, no me quiere» mientras observan cómo se alejan las semillas voladoras.

El simple hecho de estar al aire libre hace que surja la exuberancia natural de los niños y que corran cortando el viento, que rueden por pendientes llenas de hierba, que chapoteen en riachuelos, que hagan la rueda en la playa o que bailen descalzos bajo la lluvia. Una vez fuera de casa, deberían tener motivación e imaginación para jugar, pero aun así necesitarán que les acompañen adultos responsables con tiempo y energía (y algunas actividades preparadas).

Si es usted padre, abuelo, tío o tía, padrino, cuidador, canguro, monitor o profesor (si tiene algún tipo de responsabilidad relacionada con los niños por razones familiares o de trabajo), este libro puede proporcionarle inspiración e ideas prácticas para ayudarle a explorar la naturaleza con los niños. Lo más importante es compartir la alegría y la emoción del niño, tanto si han descubierto una mariposa, una lombriz, una pluma o el cráneo de un conejo.

Los niños pequeños tienen una verdadera afinidad con la naturaleza, una curiosidad insaciable y la capacidad de maravillarse.

SER MÁS AVENTURERO

Unas imágenes horribles ocupaban nuestra mente mientras corríamos por el bosque, buscando desesperados a nuestros hijos, que se habían perdido. Durante una larga caminata con varias familias, un grupo de niños se adelantó, pero mi hijo, de doce años, y un amigo, de seis, tomaron un camino erróneo y se separaron del resto. Llevaban perdidos veinticinco minutos cuando nos dimos cuenta de lo que había pasado. Seguramente corrimos casi un kilómetro hasta que vimos a los dos niños andando juntos, despacio. Apenas hicieron caso de los abrazos que les dimos, llenos de alivio, mientras charlaban, animados, de su aventura. El niño pequeño había buscado ayuda en el mayor, que se había crecido ante el reto. Volvieron sobre sus pasos y averiguaron en qué punto del camino se habían equivocado. Aunque no debimos dejar que sucediera, la experiencia aportó, en definitiva, algo positivo a ambos niños.

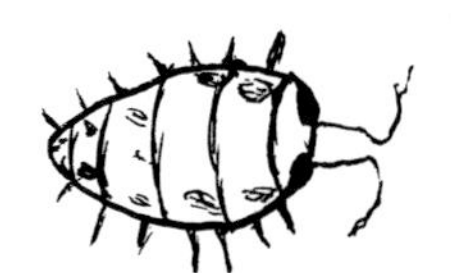
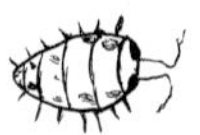

Como padres y cuidadores somos responsables de la salud y la seguridad de nuestros niños, pero esto no significa que debamos protegerlos en entornos completamente libres de riesgos. En nuestra sociedad, cada vez con más peligros y preocupada por la seguridad, en la que incluso la mesa de madera de la escuela que contiene los objetos para las actividades del día es considerada un riesgo potencial para la salud, no se anima a los niños a salir y jugar en el bosque o en el parque por miedo a los accidentes, al tráfico o a que los secuestren. Muchos padres prefieren que sus hijos se queden en casa, pegados a la televisión o a la videoconsola. No están en contra de que sus hijos salgan de casa, pero tienen miedo de ello. Aunque estos temores pueden ser reales, los jóvenes quieren y necesitan oportunidades para jugar en el exterior. Deberíamos darnos cuenta de que algunos riesgos se exageran en las noticias e intentar proporcionar a nuestros hijos las herramientas para enfrentarse al mundo exterior.

La vida está llena de riesgos, así que la mejor forma de preparar a los niños para la vida consiste en asegurarnos de que sepan cómo valorar el riesgo por su cuenta.

Los animales jóvenes aprenden cosas sobre la supervivencia jugando entre ellos en situaciones potencialmente peligrosas, siendo cada vez más valientes y yendo más allá de los límites. La vida está llena de riesgos, así que la mejor forma de preparar a los niños para la vida consiste en asegurarnos de que sepan cómo valorar el riesgo por su cuenta. Por supuesto, la naturaleza puede tener riesgos: hay bichos que muerden, provocan irritaciones y pican, hay cosas que no se deben comer, uno puede caerse al agua o de los árboles y las rocas, y en los bosques uno se podría perder; pero éstas no son razones para evitar que los niños vayan a estos lugares. Trate de proporcionarles los conoci-

mientos que necesitan para mantenerse a salvo: los niños a los que se enseña a cortar y tallar con una navaja tendrán menos probabilidades de cortarse.

Al animar a los padres y a los cuidadores a explorar la naturaleza con los niños, este libro pretende ayudar a las familias a ser un poco más aventureras y a hacer que los padres dejen de sentirse culpables por proporcionar libertad a sus hijos. Explorar la naturaleza con niños puede suponer unirse plenamente a sus juegos y aventuras (escondiéndose entre la hierba alta y haciendo pasteles de barro), o sentarse a un lado y dejar que los niños dispongan de espacio y libertad y permitirles cometer algunos errores. Si se hacen una herida en una rodilla, un corte en un dedo con una brizna áspera de hierba o pisan una espina con los pies descalzos, aprenderán a ser más cuidadosos la próxima vez. Lo importante es estar esperándoles en algún lugar cercano, listos para intervenir en caso necesario y asegurándose de que no sufran daños graves. Puede encontrar algunos consejos básicos de seguridad en la página 186.

ALGO PARA TODO EL MUNDO

Tanto si usted y sus amigos tienen una mentalidad creativa o científica o una imaginación febril, como si los niños tienen que liberar un poco de energía o tomarse un poco de tiempo libre, como si quiere disfrutar de un paseo con la familia o explorar juntos un lugar nuevo, esperamos que en este libro encuentre algo para usted. Hemos incluido un amplio surtido de actividades divididas en cinco categorías que animarán a los niños a hacer descubrimientos, correr aventuras, usar su imaginación, ser creativos y usar todos sus sentidos.

Hacer descubrimientos Verá que los niños pequeños tienen una curiosidad enorme por la naturaleza: nuestro reto es evitar que la pierdan. Alimente esa preciosa capacidad de maravillarse y diríjala para ayudar a los niños a descubrir por sí mismos qué vive debajo de las piedras del jardín o en las charcas de agua de mar en la playa. En lugar de proporcionarles relatos de segunda mano, déjeles espacio para realizar sus propios descubrimientos. Todo lo que necesita es un poco de empatía y entusiasmo para animarles. No es necesario tener grandes conocimientos de historia natural. Para aquellos niños que quieran avanzar y averiguar más, existe un gran cantidad de buenos libros de referencia y asociaciones de la vida salvaje en las que inscribirse.

Para apreciar plenamente la diversidad de la naturaleza, se debe explorar de tantas formas distintas como se pueda.

Correr aventuras La naturaleza proporciona lugares de recreo emocionantes en los que los niños pueden balancearse, trepar, saltar, columpiarse y esconderse. Un trozo de monte arbolado puede convertirse en un bosque peligroso que un grupo de aventureros valientes armados hasta los dientes puede explorar o también puede ser un escondite para forajidos que Robin Hood y sus hombres deben proteger. Todos los entornos naturales pueden ofrecer oportunidades a los aventureros, sorpresas y experiencias que les ayudarán a ganar confianza y a infundirles valentía.

Usar su imaginación Dé tiempo a los niños para que se imbuyan por completo en sus juegos, de modo que nada pueda estropear su imaginación. Dondequiera que estén, adaptarán los materiales naturales: los tejerán intrincadamente dentro de su propio mundo secreto en el que no podrán entrar los adultos. Algunos niños quizás necesiten un empujoncito para activar su imaginación: los amentos caídos de un avellano podrían convertirse en orugas en

tos, o quizás prefieran recoger plumas u hojas en otoño para llevárselas a casa y conservarlas como recuerdos.

Al usar los materiales naturales de forma creativa, se piensa en ellos de mil maneras nuevas y variadas. Un palo puede dejar de ser, simplemente, un palo viejo y convertirse en uno que tenga la longitud y el color perfectos para concluir un diseño. Un diente de león separado en sus distintos componentes puede proporcionar las materias primas para un *collage*. Una caracola encontrada en la playa puede acabar teniendo la forma perfecta para finalizar un mosaico en la arena.

Usar todos los sentidos La naturaleza también proporciona oportunidades para experiencias tranquilas y reflexivas. Para apreciar plenamente la diversidad de la naturaleza, se debe explorar de tantas formas distintas como se pueda. Intente animar a los niños a cerrar los ojos y a dar una oportunidad a sus otros sentidos. Pueden oler los aromas de las hierbas, probar las moras silvestres, escuchar los sonidos de la naturaleza o ponerse una venda en los ojos y explorar un tocón de un árbol lleno de musgo con la punta de los dedos. Este libro incluye un amplio surtido de actividades que ayudarán a incrementar la conciencia sensorial del entorno, dándoles tiempo para tocar, oler, catar y escuchar, además de ver.

busca de su hogar; un grupo de guijarros, en un castillo derruido; una cabaña abandonada por alguien, en el escondite de un héroe... También puede usar uno de sus libros o películas favoritas como punto de partida de un juego en el que los niños asumirán los papeles de los protagonistas.

Ser creativos El barro, la arena y el hielo se pueden modelar; los palos y las piedras pueden emplearse para crear torres y esculturas; las caracolas, las hojas, los pétalos y las semillas pueden transformarse en *collages*, móviles o adornos. Intente no utilizar materiales manufacturados (podría usar espinas a modo de chinchetas, hierbas como cuerdas o agua y barro como pegamento). Los niños podrían crear algo en el bosque o la playa y volver al cabo de unos días para observar el efecto del tiempo y los elemen-

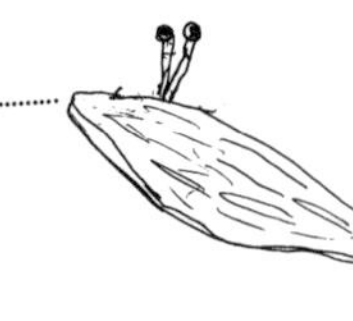

CONSEJOS PARA COMPARTIR LOS LUGARES SALVAJES

Las familias o grupos pueden disfrutar de las actividades de este libro en una gran variedad de lugares y en distintos momentos del año. Los siguientes consejos pueden ser de utilidad cuando exploren juntos el lugar de recreo que representa la naturaleza.

- El papel del cuidador consiste en animar. Déjese arrastrar por el entusiasmo de los niños, y puede que le ayuden a redescubrir parte de la magia de su propia niñez.
- Deje que los niños planeen la expedición en torno a un objetivo específico. A los niños les gusta sentirse implicados en la planificación y las salidas.
- Esté preparado para modificar el plan original si surge algo mejor. Las vidas de muchos niños están muy planificadas: pasan de una actividad organizada a otra. En lugar de ello, permítales seguir un camino espontáneo, creando un juego de repente si eso es lo que les apetece. No importa si una expedición de pesca en un estanque se convierte en una sesión de construcción de barquitos, o si se encuentran con un árbol de grandes dimensiones al que les apetece trepar o si creen hallar un tronco lleno de musgo que les apetece investigar.
- Únase a más gente. A los niños les encanta ir a explorar en pandilla.
- Recuerde que siempre suceden cosas interesantes en la naturaleza: sólo es cuestión de descubrirlas.

- Observe las cosas pequeñas, además de las grandes.

- ¿Por qué esperar hasta el verano? Salga de casa con los niños durante todo el año, para que así aprendan más cosas de los ciclos naturales. Vuelva a los lugares para ver cómo cambian con las estaciones.

- Proporcióneles espacio para que realicen sus propios descubrimientos, y cuando surjan las preguntas, busquen las respuestas juntos. No se preocupe si no sabe los nombres.

- Deje que los niños se imbuyan por completo en la naturaleza. Déjeles calarse hasta los huesos bajo una tormenta veraniega o que acaben cubiertos de barro de la cabeza a los pies. Deje que se manchen las manos y los brazos con jugo de mora o que hagan batallas con césped recién segado. Proporcióneles la oportunidad de perder el tiempo, ensuciarse y divertirse.

- La naturaleza puede llegar a ser cruel: se trata de la supervivencia de los más fuertes. No se lo oculte a los niños. Ellos verán signos de la depredación: un amasijo de plumas sanguinolentas, un escarabajo buceador succionando los fluidos de un renacuajo y quitándole la vida, o un perro muy querido que deja caer a nuestros pies un conejo muerto. Ayúdeles a comprender que cada especie debe hallar su propia forma de sobrevivir.

- No deje que los niños hagan mucho ruido y se exalten demasiado. Podrían alterar la vida salvaje o arruinar la diversión de otras personas.

- A veces será necesario contener o hasta reconducir el entusiasmo (nunca eliminarlo). Hace algunos años, durante un paseo muy mojado por una reserva natural, un niño pequeño observó cómo la lluvia había animado a grandes cantidades de babosas negras a salir de sus escondrijos. Se arrancó la camiseta y empezó a engancharse babosas por todo el pecho, hasta que acabó recubierto de una masa negra, limosa y resbaladiza. Todos le observamos, sorprendidos, y hasta asustados, aunque nadie intentó apaciguar su entusiasmo. Al final del paseo, volvió a colocar con sumo cuidado, delicadamente, a las babosas entre la maleza. (Con frecuencia me pregunto cómo redirigió ese entusiasmo tan especial.)

- No espere que todo resulte sencillo. Por supuesto, habrá veces en las que los niños se cansarán, discutirán, lloriquearán y querrán volver a casa, pero es sorprendente lo que pueden hacer unos ánimos y unas golosinas. En una excursión, los niños echaron un vistazo a la enorme colina que esperábamos que ascendieran y dijeron que estaban demasiado cansados, pero, con ánimos y unos «sobornos», llegaron a la cima, donde observaron, maravillados, el terreno ondulado que se extendía por debajo como una labor de retales.

- Recuerde siempre a los niños que deben tratar el entorno con respeto e intente dejar cada lugar tal y como lo encontró. Ayude a los niños a disfrutar explorando la naturaleza sin alterar su delicado equilibrio.

- No conduzca a los niños: deje que sean ellos los que le conduzcan a usted.

DÓNDE IR

Algunos de los destinos más visitados del mundo son los más apreciados por su belleza natural y su grandeza. Tanto si se trata de cordilleras como de costas vírgenes, estos lugares pueden ofrecerle una escapada. Sin embargo, no es necesario adentrarse en pleno mundo salvaje para apreciar la naturaleza. Intente observar la hierba alta del jardín, mirar entre los árboles del parque o en los setos vivos que hay al lado de los senderos. Algunas de las actividades descritas en este libro resultan más adecuadas para su práctica en los bosques, pero otras son ideales para los parques y jardines de las ciudades: estos lugares nos ofrecen hábitats sorprendentemente ricos.

A no ser que le hayan dado permiso para utilizar un terreno privado, explore sólo los lugares públicos. Entre ellos se pueden incluir:

- Playas.
- Parques nacionales.
- Reservas naturales.
- Bosques y arboledas cultivadas.
- Ejidos.
- Parques campestres: estos espacios en el campo, creados para el recreo, suelen hallarse en los límites de las zonas habitadas.
- Caminos de ronda y senderos: los derechos de paso suelen estar delimitados por setos y zonas de pradera y maleza intactas. No sólo proporcionan unos hábitats importantes para la vida salvaje, sino que actúan como corredores que unen lugares silvestres.
- Veredas y pistas/vías férreas que han dejado de usarse: estos lugares también pueden ofrecer márgenes intactos y setos densos.
- Campos deportivos: aunque en estos lugares suele segarse el césped muy corto para la práctica del deporte, pueden estar rodeados de árboles y setos vivos y conservar rincones silvestres.

- Espacios urbanos al aire libre: se pueden incluir los parques y las márgenes de los ríos y los canales. Asegúrese de que haya accesos públicos seguros.
- Jardines y terrenos de escuelas: muchas de las actividades resultan adecuadas para estos lugares, especialmente si se ha permitido que la naturaleza se adentre un poco.
- Vea la lista de organizaciones y páginas web de la página 189 para encontar más información sobre formas de hallar lugares naturales.

QUÉ LLEVAR

Los exploradores de éxito siempre van bien preparados y equipados, listos para enfrentarse a cualquier eventualidad. Esto puede parecer excesivo para un paseo, pero nunca se sabe qué pueden descubrir los niños o qué puede llamar su atención. Tanto si espera escalar una montaña, construir una guarida en el bosque o, simplemente, ir al canal que hay al final de la calle, deberá estar preparado para cualquier cosa. Una vestimenta adecuada y una mochila con golosinas y objetos útiles, como cajas para insectos y un cedazo, mantendrán contentos a los niños independientemente de las condiciones climáticas.

VESTIMENTA

Se deberían llevar prendas prácticas y cómodas. Evite esos tejanos tan de moda o esa camiseta nueva. Sería una lástima que una aventura emocionante se arruinara porque una de sus prendas favoritas se rasgara por culpa de una zarza o se manchara con las bayas, así que anime a los niños a llevar prendas usadas. Llévese alguna muda, por si el clima varía bruscamente o por si alguien cae en un riachuelo. Para más información sobre las prendas adecuadas para cada estación, lea las secciones «Preparados para el verano» (*véase* pág. 65) y «Preparados para el invierno» (*véase* pág. 117).

CALZADO

El calzado también debería ser cómodo y práctico; por ejemplo, zapatillas deportivas viejas o botas de agua o de montaña. En lo referente al barro, los charcos y los riachuelos, las botas de agua son la mejor opción, pero para excursiones más largas y para subir a los árboles, los niños pueden preferir las botas de montaña.

BOTIQUÍN DE PRIMEROS AUXILIOS

Siempre es buena idea llevar un botiquín de primeros auxilios. Una tirita colocada sobre una herida o un poco de pomada en una picadura obrarán maravillas en un niño preocupado. Su botiquín puede incluir:

- Tiritas para pequeños cortes, abrasiones y ampollas.
- Pomada antiséptica para limpiar las heridas leves.
- Pomada antihistamínica para picaduras de insectos.
- Árnica para los golpes.
- Crema protectora solar con un factor elevado.

TENTEMPIÉS

Los niños pequeños pueden quedarse sin energía de repente. Sin importar lo larga que pueda ser su excursión, llévese algunas bebidas y aperitivos. Si los niños empiezan a cansarse, busque un lugar agradable para detenerse a descansar un poco.

- Lleve abundante agua. También será de utilidad para lavarse las manos o limpiar cortes.
- Lleve siempre productos ricos en carbohidratos. Los caramelos proporcionan energía al instante, pero los carbohidratos presentes en alimentos como el pan o las barritas de cereales aportan una energía más duradera.
- Lleve fruta fresca y frutos secos, como manzanas, plátanos, pasas y orejones de albaricoque.
- El chocolate y los caramelos son muy apreciados por los niños cuando salen de excursión, pero intente animarles para que consuman alimentos más sanos y use los azucarados como recompensa y golosinas ocasionales.

LA MOCHILA

Bajo la escalera de nuestra casa hay una mochila muy usada y siempre lista para llevárnosla en las excursiones. Es nuestra «bolsa para las aventuras», llena de cosas útiles para explorar la naturaleza. La mochila puede contener:

- Lupas.
- Cajas para los insectos (las cajas de poliestireno con una tapa que haga las veces de lupa es ideal para recoger y observar invertebrados).
- Cajas/cuencos/bolsas de plástico para examinar la vida silvestre y para conservar materiales.
- Pinceles viejos para tomar con delicadeza los hallazgos.
- Cedazos para la pesca en riachuelos o estanques.
- Unos guantes viejos (preferiblemente de jardinero).
- Una visera o una bufanda para jugar a juegos con los ojos tapados.
- Una cuerda.
- Una navaja.
- Una cantimplora.
- Un cuaderno y lápices/bolígrafos.
- Un botiquín de primeros auxilios.
- Un silbato.
- Otros objetos útiles, como una cámara y unos prismáticos. Algunas familias llevan *walkie-talkie* o teléfonos móviles, aunque es un error fiarse demasiado de ellos.

ANIMAR A LOS NIÑOS A CAMINAR

Los padres novatos a los que les encanta hacer excursiones pueden ver que su afición no sufre grandes modificaciones mientras puedan llevar a su bebé en una mochila, pero, una vez que el niño crece, la vida se hace más lenta y el paso de los adultos debe adaptarse a las piernecitas de los niños. Aun así, y a pesar de lo que muchos de los padres creen, los niños pequeños pueden completar y hasta disfrutar con caminatas bastante largas. Puede que las expectativas deban modificarse y que las rutas tengan que planearse más, pero puede hacerse.

Por dondequiera que pasee, los niños tendrán unas expectativas muy distintas a las de los adultos. Los mayores disfrutan con el ejercicio, el aire fresco, el paisaje y la compañía, pero la mayoría de los niños necesita experiencias más prácticas. No se conforman, simplemente, con pasar por los lugares: quieren detenerse y mirar más de cerca.

Mi hija Hannah escaló su primera montaña, bajo un sol de justicia, con sólo cinco años. Escogimos un pico accesible, con una subida corta por un valle estrecho seguida de una ascensión empinada y un poco de subida por rocas hasta llegar a la cumbre. La ayudamos a lo largo del camino buscando plantas e insectos, cantando canciones y encontrando regalitos dejados por el hada de los dulces. Una vez en las rocas estuvo a la altura del reto de hallar su propia ruta y alcanzar la cumbre, triunfante, para poder ver toda una isla que se extendía debajo. Durante el descenso nadó en un riachuelo de montaña y acarició a un lución que había encontrado su abuelo. La experiencia la dejó agotada, pero con una gran sensación de logro y el deseo de ir más a las montañas.

Estas excursiones pueden hacerse incluso en invierno. Jo y su familia estuvieron en un cámping a finales de invierno, con la esperanza de aficionar a Jake, Dan y Connie a las montañas. Al principio, pensaron que su plan tal vez era irreal, incluso irresponsable, pero equipados con prendas de abrigo, unas botas resistentes, abundantes provisiones, un botiquín de primeros auxilios y un buen mapa, salieron una fresca y clara mañana en busca de aventuras. Los niños se convirtieron en hobbits que escapaban del Ejército Oscuro, con su imaginación desbocada. El juego mantuvo a todo el mundo en movimiento, y antes de que se dieran cuenta, los niños habían alcanzado la cumbre.

Tanto si camina por las montañas, la costa, el campo, el bosque o en un parque, cada salida puede convertirse en un juego, una expedición o una búsqueda imaginaria. Si se pueden adaptar y están preparados para jugar por el camino, los adultos podrían sorprenderse de cuánto pueden caminar los niños y la diversión que puede obtener toda la familia con esta experiencia.

Los niños no se conforman con pasar por los lugares: quieren detenerse y mirar más de cerca.

LA PLANIFICACIÓN DE LA RUTA

Sé muy bien que una caminata larga, difícil y penosa por campos arados o páramos inhóspitos no ilusionaría mucho a mis hijos. Al planear una excursión, piense desde el punto de vista de los niños: ¿habrá árboles a los que trepar, un riachuelo en el que jugar, rocas que ascender o un vallecito en un bosque en el que poder hacer un almuerzo? Si quiere que los niños vuelvan de una excursión pidiéndole más, asegúrese de que sea divertida, emocionante e incluso que suponga un reto.

Una ruta variada Escoja una combinación de caminos que atraviesen hábitats distintos. Si quiere ascender una colina, podría escoger una ruta que empiece en un bosque, cruce un páramo, discurra al lado de un riachuelo y finalice con la subida a la cumbre. Un sendero con muchas curvas probablemente atraerá a los jóvenes excursionistas, ya que nunca saben qué es lo que puede estar esperándoles tras la próxima curva...

Una ruta que suponga un reto Los niños suelen preferir un sendero estrecho y con curvas a uno ancho y recto, y cruzar un riachuelo pisando las rocas del lecho que atravesar un puente. Les encanta subir sobre rocas y ascender y descender por las dunas. La ascensión por un camino rocoso y empinado es mucho más satisfactoria que caminar lentamente por una subida suave. Los niños disfrutan con el reto que supone buscar el próximo lugar al que agarrarse con las manos y averiguando dónde colocar los pies.

Una ruta circular Es más gratificante para todos. Siempre resulta bastante desmoralizante darse la vuelta y volver por el mismo camino.

Haga que ellos también planeen la ruta Implique a los niños en la elección y el planteamiento de la ruta. Mire el mapa con ellos y discuta sobre qué camino tomar. Quizás decidan volver a hacer una ruta que ya habían realizado en una ocasión anterior, para así reparar una cabaña o trepar a un árbol.

Sea flexible No salga con una única ruta en mente: tenga otras alternativas planeadas. Esté preparado para responder a las cosas que llamen la atención del niño. Permítale detenerse para investigar hallazgos tales como un estanque lleno de tritones o una lagartija tomando el sol.

Piense en pequeño La sensación de estar en la cumbre del mundo no implica que deba escalar el Aneto, el monte Cervino o el Everest. Empiece con algo mucho más sencillo: una colina o un afloramiento rocoso solitario que se eleve sobre el terreno circundante. Piense que se trata de la primera montaña para los niños, así que deje que experimenten esa increíble sensación de sentirse en la cumbre del mundo.

Tómeselo con calma La distancia que recorran no tiene importancia. Es el disfrute de estar fuera de casa lo que

de verdad importa. Podrá apreciar la riqueza de la naturaleza sólo si se toma el tiempo para hallarla. A los niños pequeños les encanta detenerse para buscar escarabajos debajo de los troncos y grillos entre la hierba, u observar a los patitos nadando en un estanque.

Tenga un objetivo en mente Puede tratarse de la cima de una montaña, una playa o la ribera de un lago, donde podrían detenerse a hacer un almuerzo o jugar un rato. Es importante marcarse algunos objetivos realistas, siempre teniendo en cuenta la velocidad a la que caminan los niños. Vale la pena tener en mente un segundo objetivo que sea menos ambicioso por si el primero resulta imposible.

Convierta su paseo en una expedición Un paseo supone una oportunidad para descubrir cosas: quizás una isla o un fuerte en una montaña. Visite algún lugar con el que los niños puedan establecer una conexión, quizás con la lectura de un libro o con una película que les guste mucho. Puede ir en busca, por poner un ejemplo, de la casa de la abuelita de Caperucita Roja, o de la granja del cerdito Babe.

LA PREPARACIÓN DE LA MOCHILA PARA LAS EXCURSIONES

Aunque ya se ha hablado de los utensilios y los suministros en la sección «Qué llevar» (*véase* pág. 22), aquí encontrará unos consejos más para las caminatas largas.

Tome un mapa y hasta una brújula Vale la pena llevarlos, a no ser que conozca el terreno muy bien.

Prepare algunas sorpresas Algunas ideas para actividades y golosinas que ayuden a recuperar la energía.

Convierta a los niños en verdaderos exploradores Déjeles preparar sus mochilas con comida y bebida, una brújula y un mapa, una cuerda, algo de dinero, una bolsa para recoger objetos y una lupa. (Lo único negativo es que quizás deba llevar usted sus mochilas cuando se cansen.)

Respete la naturaleza Recuerde que las condiciones climáticas pueden cambiar muy rápidamente, sobre todo en las montañas. Preste atención a la previsión meteorológica antes de partir y esté preparado para cualquier cambio llevando prendas de abrigo y ropa impermeable junto con un sombrero y protector solar.

HAGA QUE PROSIGAN EL CAMINO

Una vez haya planeado la ruta y todos estén equipados y en la puerta de casa, hay muchas formas de hacer que los niños sigan caminando y disfrutando.

El hada de los dulces Se trata de la forma ideal de animar a los pequeños caminantes. Un adulto se adelanta de vez en cuando y esconde caramelos por la ruta, colocándolos sobre unos escalones para pasar por encima de una valla, el tocón de un árbol o una roca, o colgándolos de las ramas. A los niños pequeños y a los mayores les encanta la emoción de buscar las golosinas, y siguen el camino animados para hallar el siguiente lugar por donde haya podido pasar el hada de los dulces.

Seguir un rastro Puede tratarse de un rastro o ruta por la naturaleza señalado con flechas o puntos o un «rastro de fabricación propia», en el que alguien se adelantará para marcar flechas en el suelo usando harina o materiales naturales, como ramitas o piedras. Mientras buscan las flechas, los jóvenes pueden encontrar otras cosas, como huellas de animales en el barro.

El escondite En este juego, un par de personas, entre las que se incluirá un adulto, se esconderán en un lugar que unos buscadores atentos puedan ver desde el camino. El resto de excursionistas seguirá el camino tratando de encontrar a quienes se han escondido. Asegúrese de haber acordado el camino que seguirán, ya que si no las personas que se esconden podrían estar esperando mucho tiempo.

Pasear al perro Si no tiene perro, siempre puede pedir prestado uno. Un perro le proporcionará otro estímulo para un paseo y otro compañero de juegos, y puede que hasta le ayude a tirar de un niño en las subidas.

Pasear con otros Si dos o más familias se reúnen para ir a dar un paseo, los niños caminarán o correrán alegres con

sus amigos, quizás uniéndose para espiarse entre ellos y a los adultos. La asociación de madres, padres y profesores de alumnos (AMPPA) de nuestra escuela organiza una caminata familiar cada primavera, e invita a la gente a apuntarse y seguir una ruta previamente planeada. Siempre es un evento popular, y hasta atrae a familias que no suelen salir a caminar y cuyos hijos completan alegremente la ruta, de unos 8 km, por los campos locales.

Juegos de recolección Se puede jugar a todo tipo de estos juegos durante las caminatas usando cualquier cosa que pueda encontrarse. Durante un paseo, los niños hallaron sobre una piedra el caparazón de un caracol que un pájaro había agujereado y pasaron el siguiente kilómetro tratando de encontrar más. Esta experiencia también inspiró otros juegos en los que se tenían que recoger cosas, incluida una competición para ver quién podía encontrar más babosas. Algunos recogieron objetos que podían llevar a casa y usar en manualidades y trabajos de artesanía: se puede hacer un collar con caparazones de caracol vacíos, o un móvil con piñas de abeto y pluma, por ejemplo.

Juegos con el alfabeto Los juegos en los que se tienen que recoger cosas no han de implicar la recogida física de objetos. Hallar cosas presentes en la naturaleza cuyo nombre empiece por determinada letra supone un verdadero reto para toda la familia.

Juegos de rol Anime a los niños a hacer el paseo más interesante usando cualquier idea de alguno de los últimos libros que hayan leído o películas que hayan visto. Los niños pueden imaginar que el sendero es una vía de tren y que ellos son una locomotora. Los niños mayores pueden ser hobbits de viaje o Harry Potter aventurándose en el bosque, o los granjeros de *La casa de la pradera*.

Usar materiales naturales Las hojas largas pueden convertirse en las orejas de un conejo; las ramas bifurcadas, en los cuernos de un ciervo; las plumas, un penacho indio. Si les damos unas alas hechas con hojas, los niños rezagados se convierten en aves y su cansancio desaparece mientras se abalanzan y aletean a lo largo del camino.

Jugar con palos A algunos niños les gustan los palos y los consideran, simplemente, lo que son; otros hacen ver que son pistolas, o astas de bandera, bastones o varitas mágicas. No importa, siempre que proporcionen una distracción y animen a los niños a caminar.

Recolectar alimentos Lleve siempre consigo un recipiente en sus caminatas de finales de verano o de otoño. Quizás encuentre frambuesas en el bosque, arándanos en la ladera de una colina o moras entre los setos vivos. Quizás podría hacer ver que las frambuesas son mágicas y que tienen poderes especiales para hacer que los niños caminen mejor. Evite recoger los frutos de las plantas que crezcan cerca de las carreteras y tenga la total certeza de saber qué está recolectando.

Pintar y dibujar Lleve papel, pinturas y lápices en su bolsa de utensilios. A algunos niños les gusta detenerse en un lugar especial para hacer un cuadro o un dibujo. Les ayuda a ver la naturaleza desde otras perspectivas y a fijarse con más detenimiento en los colores y las formas.

Liderar la marcha Cuando su energía empiece a agotarse, no hay nada peor que seguir, rezagado, al resto del grupo. No permita que un niño se deprima en el vagón de cola. Anímele o deje que sea él el que lidere la marcha. Quizás los mayores puedan quejarse y decir que están cansados, y así el niño podría encontrar, de repente, la energía necesaria para tirar de ellos.

Marcar el ritmo El entusiasmo inicial puede desvanecerse si los niños empiezan a cansarse. Recuerde la distancia de la caminata y marque un ritmo realista.

Ubicar la fotografía Los que puedan planear las cosas con antelación podrían proporcionar a los niños una serie de fotografías con las que se encontrarán a lo largo de la ruta y pedirles que identifiquen el lugar desde el que se tomó cada fotografía.

Leer mapas Deje que el niño eche un vistazo al mapa y los guíe durante un rato. Ayúdele a identificar los mojones en el camino y permítale cometer errores, ya que casi siempre es posible tomar otra ruta.

Variar el momento del día ¿Porqué caminar sólo a primera hora de la tarde? Pruebe a dar un paseo a primera hora de la mañana o a última hora de la tarde para oír el canto de los pájaros o ver la puesta de sol y buscar murciélagos, búhos o luciérnagas.

Las ideas descritas suponen sólo algunas sugerencias que pueden ayudar a hacer que las caminatas sean más divertidas para los niños. El resto del libro no trata tanto sobre cómo ir del punto A al punto B, sino sobre todas las aventuras que se pueden vivir.

LA PRIMAVERA

APROVECHAR LA PRIMAVERA AL MÁXIMO

Cada estación y cada momento del día tiene sus maravillas: las misteriosas setas del otoño y la reluciente nieve del invierno, el canto de los pájaros al amanecer en primavera y los murciélagos volando en picado en las noches estivales. Aun así, los cambios de la naturaleza afectan muy poco a las vidas de muchas personas. Las estaciones pueden pasar y seguir su curso desapercibidas, hasta que un día nos damos cuenta de que los narcisos han crecido en el parque o de que las manzanas están madurando en el jardín. A veces, las estaciones se ven marcadas por cambios más repentinos y sorprendentes: una buena helada, vientos fuertes que arrancan las hojas de las ramas o una lluvia torrencial que hace que se llenen los ríos. Algunas de las experiencias más memorables fuera de casa pueden darse durante momentos de cambios repentinos del clima, como las tormentas estivales o los períodos soleados de la primavera que se alteran con aguaceros de corta duración.

Los niños notan los cambios estacionales aunque sólo sea porque los días más largos y el clima más caluroso del verano les proporcionan mayor libertad, mientras que el invierno implica pasar más tiempo encerrado en casa. Pero el lugar de recreo que es la naturaleza dispone de atracciones durante todo el año, y muchos de los juegos y las actividades de este libro se centran en las características propias de cada estación: la vida nueva en primavera, la abundancia estival, la decadencia otoñal y la hibernación invernal. Sin embargo, en realidad, una estación se une a la otra sin costuras: el olor mohoso propio del otoño se puede detectar en el aire bastante antes de que el verano haya acabado, y las campanillas blancas surgen del suelo en busca de la luz en pleno invierno.

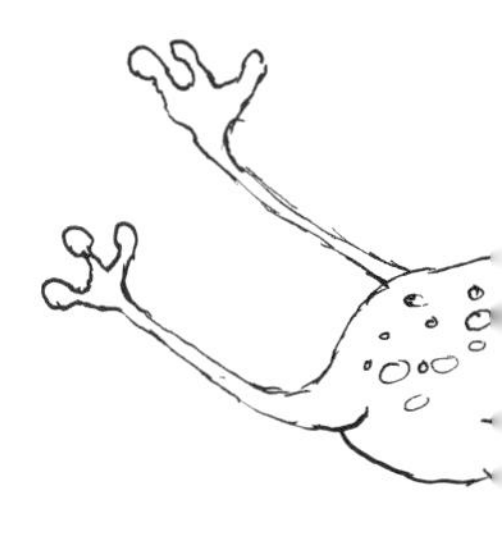

Los cambios estacionales se esperan con más ganas en primavera, cuando las temperaturas y la mayor cantidad de horas de luz dan lugar a transformaciones. Se trata de la estación de las primeras cosas: las primeras flores, los primeros brotes, las primeras golondrinas, etc. El suelo de los bosques se llena de vida a principios de año, aprovechando la luz al máximo antes de que crezcan las hojas por encima. A continuación, las yemas de las ramitas aparentemente muertas empiezan a abrirse. Alimentadas por la energía del sol, las hojas compactas pueden desplegarse y crecer. Los amentos de los abedules, los alisos y los avellanos crecen para convertirse en las flores colgantes. Los niños suelen fijarse en los capullos suaves y plateados de los sauces, pero quizás también puedan observar otras flores tempranas de otros árboles, como las llamativas flores rojas de los alerces.

La luz del sol primaveral hace salir a aquellos animales que han estado enterrados o han hibernado durante el invierno. Los niños pueden buscar insectos que emerjan de su descanso invernal. Las mariposas, las abejas y las

mariquitas salen de sus escondrijos para tomar el sol. Las aves que han pasado el invierno en regiones de clima más cálido regresan para alimentarse de los insectos, que cada vez abundan más. Se pueden ver lagartijas estiradas sobre las piedras, haraganeando al sol hasta que se han calentado lo suficiente para capturar a sus presas. Las ranas y los sapos despiertan de su letargo y van en busca de estanques.

Nosotros también sentimos la necesidad de salir fuera de casa, quitarnos las capas de ropa invernal, notar los primeros rayos cálidos del sol sobre nuestra piel y disfrutar de los días más largos. Lleve a los niños a dar un paseo a principios de primavera, para que observen y escuchen los distintos signos de la misma. Intente ir a los bosques en el ocaso: la maleza todavía no es densa y la hibernación está finalizando, por lo que es el mejor momento para buscar mamíferos. O, sencillamente, salga en busca de sorpresas.

ARCOS Y FLECHAS

Tanto si los niños se imaginan que son hobbits o elfos, que se precipitan por los bosques en busca de orcos (criaturas humanoides), como si creen que son Robin Hood y su pandilla de forajidos que esperan para tender una emboscada a un carruaje, un arco y unas flechas harán que sus aventuras imaginarias cobren vida. Un arco y unas flechas que funcionen añadirán una hormigueante sensación de emoción e incluso de peligro a un juego: se trata de una actividad que requiere una supervisión cuidadosa, y se debe enseñar a los niños a jugar sin riesgos.

Fabricar unos arcos y flechas siempre es una actividad popular durante las salidas familiares o en una fiesta para niños que se celebre fuera de casa. Puede que los niños quieran defenderse de unos enemigos imaginarios o que deseen practicar apuntando a una diana dibujada con tiza en el tronco de un árbol o a una manzana clavada en una valla. Y lo mejor es que pueden llevarse el arco y las flechas a casa para usarlos en más ocasiones. Podrán llevarse su arco en cada excursión, por lo que incluso un paseo por un parque cercano se convertirá en una misión para cazar a algún enemigo desprevenido.

Aunque los arcos y las flechas pueden fabricarse en cualquier momento del año, la savia ascendente durante la primavera hace que los arcos sean más resistentes y flexibles. Busque los esbeltos tallos de los avellanos que suelen encontrarse en los setos vivos y los bosques. Cortar el avellano justo por la base potencia el crecimiento de brotes nuevos y rectos. Este método tradicional de la silvicultura, que consiste en la poda de las ramas de árboles y arbustos desde su base, da lugar a tallos flexibles para hacer estacas para vallas y muebles. En el caso del avellano, esta técnica ha resurgido algo en los últimos años, enriqueciendo los hábitats de los bosques, y las ramas flexibles que se obtienen son el material perfecto para fabricar unos arcos flexibles y resistentes.

LO QUE NECESITARÁ

- Cuerda
- Hilo de algodón
- Un cuchillo afilado

LA CONSTRUCCIÓN DE LOS ARCOS

Construir un arco eficaz no es fácil. Los niños pequeños necesitarán la ayuda de los adultos para cortar la madera y tensionar el arco.

- Escoja un tallo vivo y dóblelo para comprobar su flexibilidad y resistencia. Si va a fabricar varios arcos, evite cortar más tallos de los absolutamente necesarios.

- Corte el arco de forma que tenga la longitud necesaria, adaptándolo a la altura del niño. Los arcos cortos son más seguros, ya que tienen menos potencia, y pueden ser ideales si trabaja con muchos niños. Van igual de bien y son más fáciles de manejar.

- Realice unas muescas a unos 2 cm de cada extremo. Éstas le ayudarán a unir la cuerda del arco en el lugar que le corresponde. No tendrá que realizar una muesca si usa un tronco con una bifurcación, ya que podrá usar esta última para fijar la cuerda.

- Ate la cuerda a la muesca o a la bifurcación con un nudo corredero.

- Estire con fuerza de la cuerda para que el arco adquiera una forma curvada. Tense la cuerda enrollando el cabo un par de veces alrededor de la otra muesca y átela con un nudo resistente.

- Asegúrese de que los nudos estén bien hechos y sean seguros, de forma que el arco no se desmonte.

HACER LAS FLECHAS

- Para las flechas, use palos finos y rectos recogidos del suelo o troncos finos de sauce o avellano a los que habrá despojado de la corteza.
- Las plumas o estabilizadores de las flechas elaboradas con plumas de verdad añaden autenticidad. Corte una sección de 8 cm de una pluma y despójela de algunas de las barbas largas de cada lado del cañón, dejando una sección central de 4 cm. Corte la pluma longitudinalmente por la mitad, por el cañón, para obtener dos partes. Coloque una de ellas a cada lado del extremo de la flecha y fíjelas enrollando hilo de algodón alrededor de las partes y de la flecha y haciendo un nudo.
- Los niños pueden crear sus propios carcajs para llevar las flechas haciendo pasar un trozo de cuerda a través de un tubo de cartón y sellando uno de sus lados con cinta adhesiva.

CONSEJOS DE SEGURIDAD

- Vigile siempre a los niños cuando usen cuchillos.
- Será esencial la ayuda de un adulto a la hora de tensar el arco.
- Los arcos y las flechas deberían usarse con precaución y bajo la supervisión de los adultos.
- Nunca apunte con las flechas a personas ni a animales.
- Asegúrese de que todos los niños se hayan desprendido de sus arcos antes de que vayan a recoger las flechas.

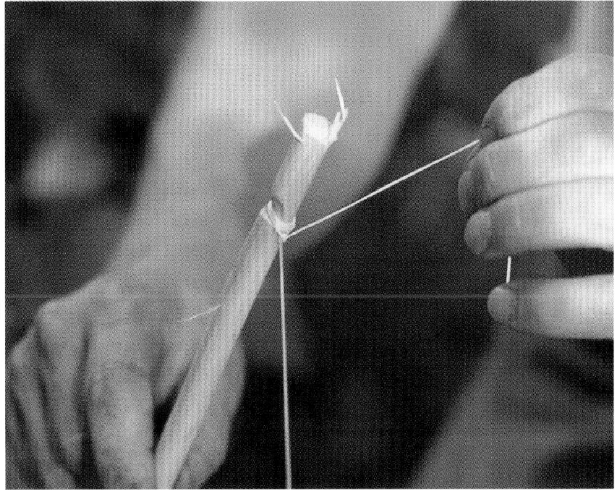

ESCULTURAS CON RAMITAS

El antiguo arte de tejer ramas de sauce ha recibido un nuevo soplo de vida en los últimos años gracias a los escultores que crean formas abstractas y de animales con sauce. Cuando Jo y su familia fueron a pasar un día fuera, vieron un hermoso ciervo tejido paciendo tranquilamente en un claro en el bosque. Lo había creado con sumo cuidado un escultor desconocido y lo había dejado en el bosque para que otros lo encontraran y disfrutaran con él.

Este descubrimiento inspiró a Jake a intentar hacer sus propias esculturas con ramitas. Empezó con cuatro palos resistentes clavados en el suelo y trabajó con su padre para tejer y doblar ramitas de avellano y de sauce para crear un pequeño ciervo. Tras algo de tiempo y experimentación, crearon una escultura natural que dejaron para que otros la descubrieran.

LO QUE NECESITARÁ

- Un cuchillo afilado
- Unos guantes viejos de jardinero

CONSEJO DE SEGURIDAD

Vigile en todo momento a los niños que utilicen cuchillos.

HACER UNA ESCULTURA DE RAMITAS

A principios de primavera, la madera es flexible, por lo que resulta más fácil trabajarla. Use trozos largos y delgados de sauce, avellano u otros arbustos, pero no corte grandes cantidades. Esta actividad es ideal para practicarla en un parque o en un jardín, después de una sesión de poda a finales de invierno o principios de primavera, o puede realizarse en los bosques, donde habrá abundante material. Intente recoger del suelo tantas ramas muertas como pueda, para que así sólo le resulte necesario cortar una pequeña cantidad de la madera, más flexible, de los árboles.

Puede que a los niños les guste intentar hacer un animal, como un ciervo, o un ser mágico, como un dragón. Como alternativa, puede que prefieran intentar crear un objeto parecido a un cesta, un nido o una silla: la decisión creativa es cosa de ellos.

- Empiece usando ramitas muertas y ramas pequeñas para construir los soportes básicos y teja a partir de ellas.
- Utilice sólo materiales naturales. Se pueden usar, como elementos de unión, hierbas y trozos de madreselva o hiedra en caso necesario.
- Aunque no es difícil elaborar esculturas sencillas, el tejido requiere grandes dosis de paciencia y cooperación. Puede que se trate de un reto para los niños mayores o incluso para los adultos.

SU ESCONDITE PRIVADO

De vez en cuando, todos necesitamos un espacio en el que nos sintamos bien. Puede ayudar a los niños a encontrar un lugar propio en plena naturaleza desde el que observar su entorno, quedándose usted tranquilo porque sabe que no están lejos. Incluso los niños más inquietos responden bien a la oportunidad de pasar algo de tiempo fuera de casa, y si tienen paciencia y suerte, puede que hasta oigan y vean cosas que se perderían entre el follón habitual.

La naturaleza nos ofrece muchos lugares especiales para reposar tranquilamente. Los niños pueden intentar estirarse entre las campanillas o esconderse entre las raíces de un haya, mirando detenidamente el bosque; o quizás podrían sentarse en el banco de un arroyo, observando cómo los peces nadan rápidamente. Esta actividad anima a los niños a escoger sus pequeños reinos: lugares a los que ir por su cuenta.

- Pida a cada miembro del grupo que encuentre un lugar en el que sentarse o estirarse tranquilamente y que quede a la vista desde un punto previamente acordado. Los niños deberían escoger, cada uno, su propio espacio: algún lugar que les guste y en el que puedan sentirse cómodos.
- Durante cinco minutos, o más, cada persona debería quedarse lo más quieta posible, observando, escuchando e intentando formar parte de su entorno. Los niños pueden fijarse en detalles como los pájaros que cantan, una mariposa que se posa en una hoja, un escarabajo que avanza por el suelo o quizás en una ardilla que salta de rama en rama. Si se quedan en silencio y tienen paciencia, pueden verse recompensados con vistas en primer plano de aves u otros animales.
- Acuerden de antemano una señal tras la cual todos saldrán de su lugar especial y se reunirán para compartir lo observado y oído.
- Puede que a los niños les apetezca volver al mismo lugar durante futuras salidas para ver cómo cambia a medida que avanza el año.
- Intente proporcionar a los niños un marco de cartón y pídales que encuadren su vista favorita desde su lugar especial. ¿Cuántos colores, formas o seres vivos pueden observar en el interior del marco?
- Puede que a los niños les guste dibujar o hacer bocetos de algo que puedan ver desde el lugar que han escogido.

CONSEJO DE SEGURIDAD

Marque el punto central de reunión con una bolsa o una chaqueta, y explique que todos deben poder verla desde su lugar especial. Esto debería hacer que nadie se alejara demasiado.

PESCAR EN LOS ESTANQUES Y LOS RIACHUELOS

El agua es un imán irresistible para los niños: les encanta hacer flotar cosas en ella, chapotear y salpicar, buscar peces e intentar capturarlos. Explorar el mundo subacuático y descubrir las criaturas que viven en él resulta emocionante e intrigante. Puede encontrarse vida en el hilo de agua menos prometedor de un riachuelo o de un estanque lodoso, ya sea en forma de ranas y sus renacuajos, de zapateros que se deslizan sobre la superficie del agua, o la gran variedad de animales alados, como las libélulas, los zigópteros (un tipo de libélulas) y las moscas de mayo, que pasan la mayor parte de su vida sumergidas en forma de ninfas. La pesca en estanques y riachuelos une a niños de todas las edades, que se agolpan alegres para observar sus capturas, compartiendo su encanto al descubrir a los animales que viven en y cerca del agua.

ESCOGER UN ESTANQUE O UN RIACHUELO

- Escoja sólo aquellos lugares de acceso público, a no ser que disponga del permiso del propietario.
- Los riachuelos y los estanques con agua transparente y abundante vegetación en sus márgenes son los que disponen de más fauna salvaje.
- Asegúrese de que los niños puedan sumergir bien sus redes en el agua sin resbalar o caer. Las orillas del riachuelo o el estanque deberían tener una pendiente muy ligera. Como alternativa, pueden ir a un estanque con una plataforma construida para la pesca.
- Escoja un lugar en el que las riberas no estén crecidas.
- Evite los lugares con mucha basura o señales de polución.

ANTES DE EMPEZAR

Descubrir la gran cantidad de seres vivos en los hábitats acuáticos requiere algo de paciencia, ya que muchos de los animales son pequeños y están bien camuflados. No permita que los niños corran ruidosamente hacia el agua: anímeles a acercarse en silencio para ver si pueden detectar algún ser vivo. Puede que haya pájaros que beben o cazan en el borde del agua, ranas y sapos escondidos entre las malas hierbas, esca-

rabajos dando vueltas, perezosamente, en la superficie o peces que nadan en las profundidades. Quizás cada niño pueda encontrar un lugar para sentarse cerca del agua y observar antes de empezar a explorar más.

CÓMO PESCAR

- Llene un recipiente grande y un par más pequeños con agua del estanque o el riachuelo. Colóquelos cerca del borde del agua para introducir sus capturas.
- Pida a los niños que miren cuidadosamente si ya han capturado algo. El agua puede contener criaturas diminutas, como pulgas de agua.
- Ahora es el momento de usar la red o el cedazo. Muévalo lenta y delicadamente por el agua, cerca de las plantas de las márgenes, donde los animalillos pueden estar refugiados. Intente no recoger demasiado barro.
- Vacíe la red o el cedazo dándole la vuelta directamente en el agua del recipiente de mayor tamaño. Deje pasar un par de minutos para permitir que el barro o el cieno se asienten y luego eche un vistazo con más atención para ver si ha capturado alguna cosa.
- Recuerde a los niños que deben tratar sus capturas con mucho cuidado y manipularlas lo menos posible. Muchos de los animales no pueden sobrevivir mucho tiempo fuera del agua.
- Use un pincel o una cuchara para transferir sus capturas al agua más limpia de los recipientes pequeños.
- Enjuague los trozos de malas hierbas en el recipiente: puede que haya animales ocultos en ellas.
- En los riachuelos o los estanques poco profundos, levante las piedras y mire debajo de ellas para ver si hay animalillos, como las larvas de tricópteros, escondidos (vuelva a dejar las piedras en el lugar en el que las encontró).
- Cuando haya acabado, devuelva el agua, las plantas y los animalillos donde los encontró y enjuague cuidadosamente las redes y los recipientes.

LO QUE NECESITARÁ

- Una red como las usadas para capturar gambas o una de red casera (*véanse* las instrucciones de la página 45). Si puede acercarse al borde del agua, un cedazo viejo le irá muy bien
- Recipientes grandes, como envases vacíos de helado o un tambor de detergente viejo
- Recipientes de menor tamaño, como tarros de mermelada
- Una caja para insectos o una lupa
- Pinceles y cucharas viejos
- Una guía de campo (para identificar sus capturas)

CONSEJOS DE SEGURIDAD

- Lleve zapatos o botas con suela antideslizante.
- Asegúrese de que los cortes y las rascadas estén bien tapados con tiritas impermeables.
- Pesque sólo en aquellos lugares en los que haya un acceso seguro al agua desde pendientes muy suaves o desde una plataforma resistente.
- Lávese siempre bien las manos con jabón después de haber pescado en un estanque o un riachuelo.

Huevos de rana

Renacuajos dentro del huevo

Renacuajo recién salido del huevo

Renacuajo

POSIBLES CAPTURAS

Coríxidos (*Trichocorixa verticalis*) Son unos insectos acuáticos que usan sus patas a modo de remos. Observe cómo se desplazan hacia la superficie para recoger burbujitas de aire.

Ditiscos (escarabajos buceadores) Son unos escarabajos muy veloces nadando. Al igual que los coríxidos, no disponen de agallas, pero recogen burbujitas de aire que utilizan como los buceadores sus bombonas de oxígeno.

Ninfas de libélulas y zigópteros Estos fieros depredadores pasan la mayor parte de su vida bajo el agua y emergen con su forma adulta (más conocida) en los meses primaverales y estivales.

Ninfas de moscas de mayo Son, generalmente, de menor tamaño que las ninfas de las libélulas y los zigópteros, y se alimentan de materia orgánica en los estanques y los riachuelos. Los adultos sólo viven alrededor de un día y no se alimentan.

Isópodos Son una versión acuática de la cochinilla.

Gambas de agua dulce Estos crustáceos comunes están relacionados con artemias, mascotas muy populares que se venden en forma de huevos en las tiendas de pesca.

Renacuajo con patas traseras

Estadio de desarrollo del renacuajo con cola

Estadio avanzado de desarrollo del renacuajo

Rana adulta

Escorpión de agua Aunque esta criatura de aspecto temible parece un escorpión, su cola es un tubo hueco que usa para inspirar aire de la superficie.

Renacuajos Lo más normal es que sean las crías de las ranas, aunque también pueden serlo de los sapos, y a veces también reciben este nombre las crías de los tritones. A muchas familias les gusta llevarse estos renacuajos a casa y observar su metamorfosis. Aunque esto es algo fantástico, debe recordar que ha de devolverlos al lugar donde los encontró una vez les empiecen a salir las patas.

Larvas de tricópteros Los niños pueden encontrar a estos fascinantes animalitos escondidos en refugios camuflados que les protegen de los depredadores y les ocultan de sus presas. Cada especie construye su propio tipo de refugio, usando piedrecitas y granos de arena o ramitas u hojas y unen las piezas de su escondrijo con seda. Los niños pueden intentar hacer sus propios escondites para los tricópteros enrollando un trozo de cinta adhesiva sobre sí misma, con el lado adhesivo por fuera y cubriéndola de piedras diminutas u hojas.

FABRICAR UNA RED PEQUEÑA

Esta red no es muy resistente, pero su fabricación es rápida y sencilla.

- Corte los pies y la mayor parte de las perneras de unas medias y ate los restos de las mismas o cósalas para obtener una forma parecida a la de una red.
- Doble un palo de forma que obtenga un aro y fíjelo tal y como se muestra (*véase* derecha).
- Dé un par de vueltas a la parte perteneciente a las caderas de la media alrededor del aro, fijándola con algunos puntos en caso necesario.

FABRICAR UNA RED DE MAYOR TAMAÑO

Con este método obtendrá una red más resistente, pero su elaboración es algo más complicada (*véase* la fotografía de la página 42).

- Cosa un dobladillo ancho (de por lo menos 2,5 cm) en uno de los lados largos de la malla o la muselina.
- Doble la muselina por la mitad, con el lado del dobladillo hacia arriba (será la abertura) y cosa a lo largo de la parte inferior y del lado abierto para obtener la red.
- Desenrolle una percha y pase el alambre por todo el interior del dobladillo de la red. Doble y entrelace fuertemente los extremos del alambre para unirlos.
- Una los extremos del alambre al palo de una escoba con una abrazadera. Cualquier trozo de alambre que sobresalga debería unirse al palo de escoba con cuerda o con una cinta adhesiva resistente al agua.

LO QUE NECESITARÁ

RED PEQUEÑA

- Unas medias viejas
- Un palo flexible
- Aguja e hilo
- Tijeras

RED GRANDE

- Un trozo de muselina de alrededor de 50 cm x 1 m
- Una percha de alambre
- Una abrazadera
- Un palo de escoba
- Cinta adhesiva fuerte y resistente al agua o cuerda
- Una máquina de coser o aguja e hilo

LOS NIDOS DE LOS PÁJAROS

Durante unas vacaciones primaverales, Hannah y Edward decidieron intentar hacer unos nidos de pájaros. Tras recoger los materiales idóneos para construir el nido mientras daban un paseo con la familia, quedaron absortos tejiendo ramitas flexibles de retama en forma de copas y recubriendo cada una de ellas con un lecho suave de musgo y liquen. Escondieron los nidos entre los arbustos de alrededor del jardín de sus abuelos, donde permanecieron durante años, sin ser ocupados, aunque intactos. Su juego me recordó a un pasaje de la fábula de E. Nesbit *The Railway Children*, en el cual dos de los personajes se lo pasan en grande en el barro, construyendo nidos de golondrinas con arcilla. Su plan consiste en secarlos en el horno, recubrirlos con lana y colgarlos debajo de los aleros, listos para la llegada de las golondrinas en primavera.

Los nidos proporcionan refugio y calor y, sobre todo, un lugar seguro en el que los pájaros adultos pueden poner e incubar los huevos y criar a sus polluelos. Algunas especies construyen unos nidos increíblemente intrincados y finamente tejidos que son delicados y livianos, aunque lo suficientemente resistentes para proteger a los huevos y los polluelos. Los nidos elaborados por las personas no pueden competir con uno construido por las aves, pero es divertido intentarlo usando cualquier material que encuentre.

LO QUE NECESITARÁ

Una bolsa para recoger objetos

LA CONSTRUCCIÓN DE UN NIDO DE PÁJARO

Enseñe a los niños una imagen de un nido (como el nido en forma de copa que aparece en la fotografía) o, mejor todavía, de un nido real, para que así puedan ver los materiales utilizados y cómo podía construirse el nido. Hay nidos de pájaros de todas las formas y tamaños. El nido de una urraca es una unión desordenada de ramitas largas que suelen colocar a bastante altura, entre las ramas, mientras que el herrerillo construye un nido pulcro con musgo, lana y plumas, y lo suele ocultar en el hueco de un árbol o de una pared. Por otro lado, el avión común hace un nido de barro bajo los aleros de los edificios.

- Anime a los niños a recoger materiales adecuados para construir un nido. Los pájaros usan ramitas, hierbas, tallos, juncos, liquen, plumas, inflorescencias o cápsulas

con semillas, lana de oveja, telarañas y pelo de animales. Algunos hasta usan materiales fabricados por el hombre como cuerda, bramante de plástico o trocitos de papel.

- Explíqueles que los materiales de nido tienen dos funciones básicas: proporcionar soporte y aislamiento.
- Recuerde a los niños lo fácil que es para nosotros recoger materiales, mientras que un pajarito hace cientos, y hasta miles de viajes, para reunir todo lo necesario.
- Anime a los niños a tejer y coser ramitas o tallos para formar la base del nido y luego recúbranlo con materiales más blandos. El nido puede tener cualquier diseño: pequeño o grande, descubierto o tapado, siempre que se mantenga de una pieza.
- La mayoría de los niños intentará hacer un nido en forma de copa. Un pájaro tejería los materiales bastamente para que se quedaran en el sitio que les corresponde, luego se sentaría en el centro del nido e iría dando vueltas y vueltas, empujando hacia abajo y hacia fuera con su pecho para crear la forma adecuada. Anime a los niños a imaginarse que su puño es el cuerpo del ave: puede que dando vueltas y vueltas y ejerciendo una suave presión logren crear un nido en forma de copa.
- Coloque los nidos en árboles o arbustos o en un seto vivo o un muro. A los niños les gusta pensar que un pájaro podría acercarse y usar su nido, así que anímeles a encontrar un lugar protegido y seguro contra los posibles depredadores.
- Los que deseen enfrentarse a un reto mayor, podrían intentar hacer un nido de una especie concreta de pájaro, como un nido de barro para un avión común o una golondrina. Vaya a la biblioteca y busque un libro sobre pájaros destinado a los niños con fotografías de nidos que les puedan dar ideas.

DIVERSIONES DE PASCUA

Cada año, algunos amigos organizamos una búsqueda de huevos de Pascua en la que multitud de niños se desmandan recorriendo el jardín en busca de huevos de chocolate escondidos en todo tipo de lugares extraños por el huidizo conejito de Pascua. La búsqueda de huevos se acompaña de otros juegos con huevos: hacerlos rodar, petanca con huevos, e incluso jugar a pillar con huevos crudos; todos ellos son muy caóticos, sucios y muy divertidos.

Para los juegos de Pascua con un toque distinto, intente combinar la construcción de nidos con una búsqueda de huevos de chocolate. Hace algunos años, mis hijos se divirtieron de lo lindo planeando y organizando una búsqueda de huevos de chocolate para sus primos. Construyeron varios nidos pequeños y los escondieron por el jardín; luego los llenaron con una nidada de huevos de chocolate recubiertos de azúcar. Sus primos quedaron encantados al descubrir que los huevos de chocolate estaban en unos nidos recubiertos de musgo.

LO QUE NECESITARÁ

NIDO DECORATIVO DE PASCUA

- Materiales naturales como musgo, ramitas o liquen para construir el nido
- Huevos duros o huevos a los que se haya hecho un agujero y se haya soplado en su interior para retirar su contenido
- Pintura o colorante alimentario o papel de seda o laca de uñas para decorar los huevos

BÚSQUEDA DE HUEVOS DE PASCUA EN EL BOSQUE

- Huevos de chocolate
- Cajas para la recogida de huevos hechas uniendo con grapas un asa a la mitad inferior de la caja de cartón y decoradas con pintura y papel de seda

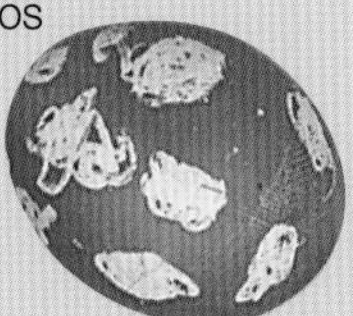

NIDO DECORATIVO DE PASCUA

Un nido grande hecho con ramitas y recubierto con musgo verde o con liquen grisáceo supone un centro de mesa alegre, especialmente si está lleno de huevos pintados. Los niños pueden decorar huevos de gallina duros o huevos con un agujero por donde se hayan vaciado, con pintura, colorante alimentario, papel de seda o laca para uñas. Los huevos duros que aparecen fotografiados en la parte inferior y en la página siguiente se dejaron en remojo en una mezcla de vinagre diluido y colorante alimentario para colorearlos. Los niños pintaron los huevos con pinturas a la cera y velas antes de dejarlos en remojo en el colorante para conseguir las manchas.

BUSCAR HUEVOS DE PASCUA EN EL BOSQUE

Lleve a un grupo de niños al bosque o al parque para hallar los huevos escondidos por el conejito de Pascua.

- Antes de salir, lleven a cabo una sesión de artesanía elaborando las cajas para la recogida de los huevos.
- Un adulto deberá adelantarse al grupo para esconder los huevos de chocolate a lo largo de la ruta escogida.
- Mientras los niños busquen los huevos, anímeles a buscar, además, otras cosas. Se les podría pedir que hallen otros objetos con forma de huevo, como semillas, frutos secos o piedrecitas para que las coloquen en su caja junto con los huevos.

LO QUE NECESITARÁ

- Huevos de gallina
- Papel
- Huevos de chocolate

BÚSQUEDA DE TESOROS DE PASCUA

Durante una búsqueda de huevos de chocolate, los hijos de un amigo quedaron decepcionados porque encontraron huevos normales de gallina escondidos en un nido colocado en el jardín, pero alguien se dio cuenta de que de uno de los huevos salía un trocito de papel, así que rompieron la cáscara y encontraron un rollito de papel muy apretado con una pista. Ésta fue la primera pista de un juego de búsqueda de tesoros que les hizo recorrer todo el jardín hasta que acabaron encontrando un gran cofre del tesoro lleno de huevos de chocolate.

- Esta búsqueda del tesoro puede organizarse en secreto (como una completa sorpresa para los niños) o hacer que éstos se implicaran en su preparación.

- Ayude a los niños a hacer agujeritos en los huevos y a soplar para vaciar su contenido. Las cáscaras vacías proporcionarán los escondites para las pistas. Haga un agujero en cada extremo del huevo y sople para que salgan la clara y la yema, y viértalas en un cuenco (podrá usarlas para cocinar). Enjuague los huevos vacíos y déjelos secar.

- Escriba pistas en trocitos de papel. Enróllelos lo más fuerte posible e inserte una pista en cada huevo. Numere los huevos para colocarlos en el orden correcto para la búsqueda del tesoro.

- Esconda los huevos en el jardín. Puede colocarlos en los nidos de pájaros que han hecho los niños (*véase* el capítulo anterior).

- Deje que los niños sigan el camino, rompiendo las cáscaras cuando encuentren los huevos, hasta llegar a los huevos de chocolate.

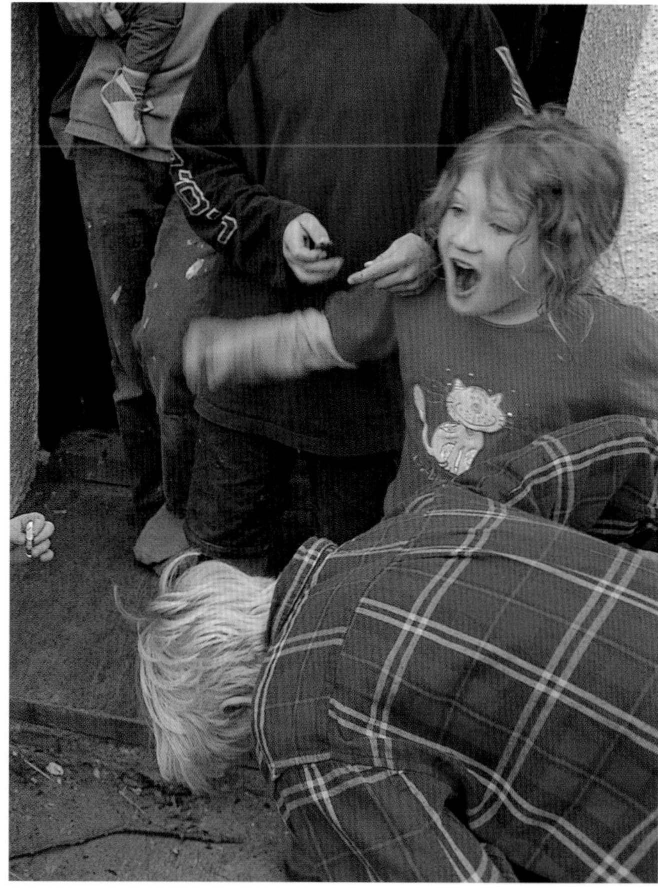

BARRO, GLORIOSO BARRO

El barro se puede modelar, y también se puede aplicar sobre la cara, así como transformarlo en pastelitos. Se aplasta entre los dedos de los pies o resbala agradablemente entre los dedos. Hasta se puede revolcar en él. Se trata de un material que proporciona a los niños variedad de sensaciones y oportunidades para jugar. El barro no consiste más que en tierra, es fácil de lavar y es inocuo, aunque muchos padres tiemblan nada más pensar que sus hijos puedan convertirse en unos pillastres llenos de barro. No hace ningún daño que, de vez en cuando, deje que los niños se pongan su ropa más vieja y que se manchen de verdad. Resulta aceptable que los niños se manchen con barro en el campo de deporte, así que, ¿por qué no deberíamos permitirles jugar con barro sin tener que preocuparnos por si se ensucian?

Durante una húmeda caminata primaveral, la hija de seis años de una amiga salió disparada hacia los charcos llenos de barro de un camino plagado de baches. Dudó un momento, miró con incertidumbre a su madre, y quizás se sintió un poco preocupada por manchar su ropa rosa inmaculada, pero la tentación era demasiado grande y se metió dentro, caminando por cada charco, salpicando, contenta, con barro sobre sus botas de goma, pantalones y chaqueta de color rosa mientras su esplendorosa cara proclamaba: «¡Me encanta el barro!». Una niña más cauta sólo se atrevió a llenarse de barro cuando se le dijo que la lavadora estaba aburrida de lavar ropa limpia y que deseaba enfrentarse a algo verdaderamente sucio. Una vez superó su disgusto inicial, dijo: «¡Esto es increíble: estoy llena de barro pero no me importa!». ¡Qué maravillosa sensación de libertad experimentaron estas dos niñas!

Un paseo por el bosque con una amiga y nuestros cuatro hijos, de entre nueve y trece años, parecía predestinado al fracaso, hasta que alguien cayó en un charco de barro blando, pero, en lugar de las supuestas quejas, surgieron risas mientras tomábamos el barro con las manos y nos lo restregábamos sobre las caras y la ropa y, de repente, empezó una batalla de barro.

Cualquier preocupación sobre la imagen y la moda quedaron a un lado, mientras todos acabábamos cubiertos de barro viscoso. Las madres nos unimos a las risas, sabiendo que el placer del que disfrutaban los niños con su juego con el barro era bastante más importante que las preocupaciones por unos asientos del automóvil sucios o que las manchas en la bañera. Ya han pasado varios años, y cuando un día pregunté a mi hija si recordaba ese juego, me sonrió y me dijo: «¡Sí: fue genial!».

ARTE CON BARRO

En una expedición que hicimos para abrazar árboles (*véase* pág. 147), algunos de los niños quedaron atrapados en el barro y tuvieron que ser rescatados por sus amigos, que no dejaban de reír. El barro era demasiado tentador como para ignorarlo y, poniéndose en cuclillas, empezaron a agarrar grandes puñados, dejando que escurriera entre sus dedos. Al cabo de poco rato, empezaron a modelar el barro más denso formando cuevas de barro en miniatura y hasta casas con varios pisos. Todos trabajaron juntos para diseñar las viviendas de barro, usando palos a modo de soportes y haciendo adobe mediante la mezcla de barro con hierba. Los árboles tuvieron que esperar a otro día.

Aquí ofrecemos algunas sugerencias de otras formas en que los niños pueden hacer obras de arte con barro:

Bolas de barro En la misma excursión, los niños empezaron a hacer rodar el barro para formar bolas. No satisfechos con ello, las recubrieron de musgo, hojas, corteza y flores, y las usaron para crear esculturas.

Cuencos de barro y otras esculturas Si el contenido en arcilla es razonablemente alto, el barro se puede modelar para darle todo tipo de formas, que permanecerán intactas después de secarse.

Pasteles y tartas de barro Intente hacer capas de distintos colores y texturas, decorándolas con velas creadas con ramitas y frutos secos, semillas y piedras. Mi hijo me dice que sus amigos hacen pasteles de barro en forma de excrementos para lanzárselos los unos a los otros.

Dibujos con barro Use un palo para dibujar sobre el barro blando, o sumérjalo en barro denso para dibujar sobre una roca o el tronco de un árbol. Los niños también pueden dejar huellas de barro de sus manos o sus pies en papel o, mejor todavía, los unos sobre los otros.

Grietas de barro Intente recubrir con barro una piedra. Si la tierra tiene un contenido elevado en arcilla, se formará un complejo dibujo de grietas mientras se seca.

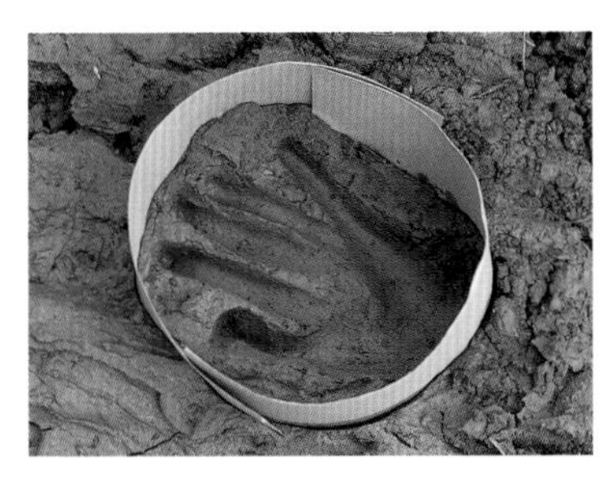

HACER MOLDES DE BARRO

Al caminar sobre barro de una determinada consistencia (ni demasiado húmedo ni demasiado seco), los niños pueden descubrir las huellas de animales salvajes, además de las de personas. También ellos pueden crear huellas usando sus manos o sus pies descalzos, o presionando objetos, como caparazones de caracol o piñas, sobre el barro. Intente usar escayola para hacer moldes de estas huellas en el barro como recuerdo de su paseo. Esta actividad funciona mejor en un suelo rico en arcilla.

- Escoja un barro de la consistencia adecuada para que conserve la forma de la huella.
- Elija unas huellas de animales o personas o plasme algunas huellas nuevas.
- Coloque el aro de cartón alrededor de la huella, presionándolo un poco sobre el barro para crear un marco.
- Vierta algo de agua en el recipiente de plástico y eche la escayola con cuidado, hasta que el agua deje de empaparla. Mezcle con un palo. La escayola debería tener una consistencia cremosa densa.
- Vierta la escayola en el interior del marco de cartón hasta que tenga un grosor de unos 2,5 cm.
- Deje cuajar unos 20 minutos; luego retire cuidadosamente el molde del suelo y envuélvalo en papel de periódico para llevárselo a casa.
- Después de un par de horas, el molde se habrá endurecido lo suficiente para limpiarle el barro. Frótelo con un cepillo de dientes viejo para limpiarlo bien. El molde puede dejarse tal cual, aunque quizás los niños quieran decorarlo con pintura y barniz.
- Lleve a cabo esta actividad en un rincón del jardín. Empape el barro con agua hasta que tenga la consistencia adecuada y haga moldes de todo tipo de cosas: desde un soldadito de juguete hasta la huella de un gato.

LO QUE NECESITARÁ

- Un trozo de cartón de unos 30 x 6 cm con un clip para fijarlo en forma de círculo
- Para hacer un molde cuadrado o rectangular, use una cajita de cartón (como una para bombones) a la que habrá retirado la tapa
- Escayola
- Agua
- Un recipiente de plástico
- Papel de periódico

CONSEJOS DE SEGURIDAD

- Antes de jugar con barro, proteja las heridas con tiritas impermeables.
- Asegúrese de que las manos, los pies y cualquier otra parte del cuerpo expuesta al barro se laven después bien con agua y jabón.

JUEGOS DE CAMUFLAJE

El uso de camuflaje supone una estrategia vital de supervivencia para los depredadores y las presas, ya que les ayuda a «desaparecer» en el paisaje de fondo. Un camuflaje eficaz no consiste sólo en ocultarse con la ayuda de los colores, sino que también se basa en unos patrones de comportamiento para engañar. Las tribus recolectoras intentan pasar desapercibidas en su entorno imitando a un animal o a un objeto natural, ya que creen que esto hace que a los animales salvajes les cueste más detectar su presencia.

Los juegos de camuflaje permiten aumentar la percepción que los niños tienen del medio ambiente y las formas en las que los animales salvajes pueden «desaparecer» en su entorno. Cuando busquen animales o aves, o jueguen al escondite, anime a los niños a:

- Llevar prendas de colores apagados y sin estridencias.
- «Disfrazarse» la cara: aun cuando el resto del cuerpo está oculto, la forma de la cara puede destacar mucho. Los niños pueden usar barro o pintura para la cara para difuminar la forma y modificar el color de su rostro, o pueden llevar una gorra que proyecte sombra sobre sus caras.
- Intentar adoptar una forma que imite los objetos del entorno, como la de las piedras y las hierbas altas.
- Moverse lentamente, sin movimientos bruscos.
- Aprovechar las cosas que le ofrece la naturaleza, como los troncos de los árboles y los agujeros como lugares para esconderse.
- Hacer que se agachen y que repten apoyándose sobre el vientre, de modo que sus siluetas no contrasten con el fondo.
- Acercarse siempre a un animal salvaje en contra del viento, ya que la mayoría se basan en el sentido del olfato para detectar a sus depredadores.
- Para un niño, resulta especialmente importante resguardarse a la sombra, sobre todo si su piel es muy blanca.

LO QUE NECESITARÁ

- Las redes, como las de los sacos de patatas, o las ralas para el jardín (como las redes para fresas), que podrá obtener en un centro de jardinería. Adquiera una longitud suficiente para que cada niño se pueda hacer una capa
- Tijeras o cizallas para cortar los materiales
- Cuerda o rafia o lana
- Pintura para la cara

CONSEJO DE SEGURIDAD

Vigile a los niños cuando usen tijeras o cizallas afiladas.

Proporcionar camuflaje puede ser tan sencillo como animar a los niños a llevar ropa de colores verdes apagados y marrones al ir de excursión, o puede hacer que se impliquen en la creación de una vestimenta elaborada. Los juegos de camuflaje pueden llevarse a cabo en jardines o parques grandes, aunque son más emocionantes en el bosque. Puede jugar a los juegos que describiremos a continuación en cualquier momento del año, aunque se lo pasarán mejor a finales de primavera o principios de verano, cuando el suelo está más seco y abunda la vegetación.

ELABORAR SU PROPIO CAMUFLAJE

En una excursión al bosque a finales de primavera, nuestros hijos lo pasaron en grande haciendo unas capas de camuflaje tejiendo materiales naturales entre la red para

jardinería. Usándolas como sábana o capa, proporcionaban a los niños un camuflaje muy eficaz, hasta se estiraban en el suelo del bosque.

- Vaya a una zona boscosa o de monte bajo en la que sepa que encontrará materiales naturales como helechos, hierbas, hojas y ramitas.
- Recoja materiales naturales y téjalos o átelos a la red. Puede que los niños necesiten ayuda, ya que la elaboración puede resultar un tanto complicada.
- Envuelva las capas ya preparadas alrededor de los hombros de los niños y píntele la cara para lograr un mayor efecto. Si la red es lo suficientemente larga, recorte un agujero en medio y colóquela sobre la cabeza de los niños, como si fuera un poncho.

CONVERTIRSE EN EL NIÑO O NIÑA VERDE

En la profundidad del bosque, es fácil imaginar una cara entre las sombras mirándonos entre una máscara de hojas. Se trata del mítico Hombre Verde, un símbolo del renacimiento y la regeneración cuyos orígenes y significado quedan ocultos en el misterio, pero su máscara de hojas se remonta a los tiempos de los romanos. Muchas iglesias y catedrales medievales de Europa occidental están decoradas con esculturas de una cara o una máscara de la que salen hojas. No conocemos toda su historia, pero el Hombre Verde podría interpretarse, en la actualidad, como un símbolo de reverencia a los árboles y la naturaleza. Se tiene la sensación de que esta máscara de hojas simboliza algo antiguo e importante, hermoso y siniestro.

- Los sombreros de hojas y la pintura verde en la cara pueden usarse junto con capas de camuflaje para que nuestros hijos sean niños y niñas «verdes», que observarán el bosque que tienen a su alrededor desde detrás de sus disfraces. Pueden esconderse en el bosque, escuchando y observando e intentando sentir que forman parte de la naturaleza. Déjeles espacio para que se sienten y se queden quietos. Si están sentados el tiempo suficiente, quizás se les acerquen animales y aves.

EL ESCONDITE CON CAMUFLAJE

El reto de este juego consiste en usar el camuflaje como forma de esconderse, en lugar de ocultarse detrás de un objeto. Los que se escondan deben intentar mimetizarse con su entorno quedándose quietos y sintiéndose cómodos en él. Este juego es más emocionante y eficaz si se juega al ocaso.

- Los niños deberían llevar prendas de colores apagados o ponerse sus capas de camuflaje. Pueden usar pinturas o barro para ocultar su rostro.
- Escoja un tramo de camino para jugar. Todos deberían saber dónde empieza y acaba la sección escogida.
- Anime a los que se van a esconder a que encuentren un lugar muy cerca del camino. Deberían ocultarse tumbándose, sentándose o quedándose de pie, en armonía con las formas naturales y los contornos del lugar.

- Los niños a los que les toque buscar caminarán por el sendero, buscando a sus compañeros escondidos, que saltarán, victoriosos, si los buscadores no los han visto.

LA CAPTURA DE LA BASE ENEMIGA

El juego más popular en unas colonias era el del camuflaje. Se dividía a unos treinta niños en dos equipos y se les llevaba a una zona de bosque ralo y de helechos. Cada equipo tenía una base, y el objetivo consistía en intentar tomar la base del otro equipo con ingenio. Los niños tenían que moverse lenta y cuidadosamente, usando los objetos que la naturaleza ponía a su disposición para esconderse, intentando camuflarse en su entorno y evitando que les vieran.

Este juego puede adaptarse para grupos de menos niños, que podrán jugar después de hacerse su traje de camuflaje. Escoja a alguien para que vigile un punto central al que los otros niños intentarán llegar reptando. Cuanto mejor sea el camuflaje y más lentamente se desplacen, más probabilidades de éxito tendrán.

OBJETOS CAMUFLADOS

Los niños siempre disfrutan con nuestro sendero cercano lleno de esculturas. Salen corriendo hacia el bosque en busca de todo tipo de probables esculturas hechas de metal, madera y otros materiales. Es fácil detectar algunas de ellas, ya que sus contornos afilados, sus superficies brillantes y sus colores pálidos destacan claramente con respecto a los tonos de su entorno, pero el maravilloso árbol con peces es casi imposible de encontrar. Este árbol de metal oxidado en el que debería haber hojas está perfectamente camuflado. Otra de nuestras esculturas favoritas era una gran alfombra cuadrada que, con sus espirales marrones rojizas, casi no se podía distinguir de la tierra del bosque.

Algunos objetos quedan bien camuflados, y otros son fáciles de ver. Este juego anima a los niños a buscar objetos en lugares que no les corresponden.

- Escoja una zona pequeña en un bosque o bien en un parque.
- Coloque distintos objetos manufacturados en la zona escogida. Algunos pueden ser fáciles de ver, como un guante de color rosa, pero otros pueden ser más difíciles de detectar, como un poco de lana marrón.
- Dé a los niños diez minutos para detectar todas las cosas que no pertenecen a ese lugar.
- Hábleles sobre los objetos que vayan descubriendo y hágales volver si se han dejado alguno.
- El juego puede convertirse en una competición para ver quién es el que encuentra más objetos.
- Los niños pequeños pueden disfrutar buscando ositos de peluche y otros juguetes similares escondidos entre los árboles y los arbustos. Haga que algunos resulten fáciles y otros más difíciles de encontrar.

EL VERANO

APROVECHAR EL VERANO AL MÁXIMO

Cuando la primavera se transforma en el verano, el ritmo de la vida se acelera mientras la naturaleza se esfuerza por aprovechar al máximo cada día cálido. El sol y el alimento abundan, las plantas aprovechan la ocasión para florecer y dar fruto y los animales cuidan a sus crías. Todas las praderas y los bosques, así como todos los estanques y los jardines urbanos de las urbanizaciones están llenos de vida. Incluso en el más pequeño de los rincones de naturaleza hay cosas distintas que ver cada día: plantas que florecen y se marchitan, insectos que vienen y van. Es la hora punta de la naturaleza, en la que todo funciona a la máxima velocidad, aprovechando el sol del verano, creador de energía.

Para los niños pequeños, los nebulosos días veraniegos se prolongan sin fin. Se trata de una época emocionante para los juegos fuera de casa, unas largas vacaciones y una mayor libertad. Hay algo distinto que hacer o ver cada día: buscar bichos y escarabajos, construir refugios, hacer esculturas en la playa o quizás haraganear al sol, batir un récord al hacer el collar de margaritas más largo o enterrar a los amigos bajo el césped recién segado. Hasta la cálida lluvia estival aporta satisfacciones, ya sea porque implica tener que guarecerse bajo unos paraguas hechos con ruibarbo o bardana, correr descalzo sobre la hierba empapada o buscar caracoles que se deslizan por las hojas mojadas.

Principios de verano En el bosque, las hojas de los árboles aún no han crecido del todo, con lo que la luz del sol todavía se filtra hasta el suelo. Ésta es la estación para disfrutar de las alfombras de flores silvestres del bosque, como las campanillas. El inicio del verano es la mejor época para despertarse temprano, así que intente sacar a los niños de la cama, si la mañana está despejada, para desayunar en el bosque. Escuche cómo los árboles de su alrededor están llenos del sonido de los cantos de las aves que dan la bienvenida a un nuevo día.

Mediados de verano El día alcanza su máxima duración. Todo sigue fresco y verde, y puede que sea el mejor momento para las praderas y otros hábitats en los que medran las flores silvestres. Cada rincón de pradera y de monte bajo que no se haya segado está lleno de vida, y las mariposas, los saltamontes y los grillos son sólo algunos de los animalitos que podrá encontrar todo aquel que observe detenidamente. El solsticio de verano puede ser el momento para una celebración. Intente dar un paseo vespertino con linternas hechas con tarros de mermelada decorados y tomar algo mientras observa la puesta de sol del día más largo del año, al tiempo que empieza a emerger la vida salvaje nocturna.

Finales de verano El sol calienta más que el resto de las estaciones del año. Muchas plantas se apagan por el calor y los bosques están engañosamente silenciosos. Aunque algunas flores todavía no han florecido, muchas otras ya están formando semillas, y en los campos es el momento de la cosecha. Quizá esté esperando con ilusión unas vacaciones en familia y disponer de un poco más de tiempo para disfrutar juntos de la naturaleza, con oportunidades para explorar hábitats nuevos. Así pues, tome la mochila y esté preparado para los nuevos descubrimientos.

PREPARADOS PARA EL VERANO

El calor del verano puede darnos una falsa sensación de seguridad. Cuando no hay necesidad de llevar ropa de abrigo ni botas de agua es fácil organizar una excursión sin preparación alguna. Así, muchas de las atracciones estivales pueden suponer un peligro: los niños pueden sufrir fácilmente quemaduras solares o deshidratarse, o puede picales algún insecto. No se fíe: planéelo todo bien y prepare su mochila con lo siguiente:

Agua Lleve más de la que cree que necesitará. Lo ideal es que los niños lleven su propia cantimplora para beber cuando quieran. Anímeles a beber pequeños sorbos en lugar de beberla toda de un trago.

Crema solar con un factor de protección alto Aplíquesela antes de la excursión y lleve el bote por si son necesarias más aplicaciones.

Sombreros o gorros Protegerán del sol la cara y el cuello de los niños.

Ropa adecuada Los niños deberían llevar camisetas que les tapen los hombros. Lleve algunas camisetas de manga larga y quizás pantalones largos si van a pasar todo el día fuera.

Prendas impermeables Si el clima parece que va a cambiar, lleve prendas impermeables.

Repelente de insectos Es de utilidad para ahuyentar a las moscas y los mosquitos. También debería llevar una crema antihistamínica para las posibles picaduras de los insectos.

Comida Lleve productos que no se estropeen con el calor.

UN BOCADO DEL INICIO DEL VERANO

A finales de primavera, mis hijos observan cuidadosamente los saúcos, ansiosos por no perderse el día en que los capullos de las flores, de color crema, empiezan a abrirse. Saben que es mejor tomar las flores, con su olor a miel, mientras son frescas y nuevas, antes de que su fragancia quede afectada por el amargor, y esperan con ilusión el primer sorbo de su cordial de flores de saúco, que es muy refrescante.

A los niños les encanta recoger alimentos gratuitos, pero la recolección de productos naturales suele estar más relacionada con las bayas otoñales que con las flores primaverales. Una planta que se puede recoger en esta estación es el saúco. Este arbusto desordenado, que suele encontrarse entre los setos vivos y los bordes de los bosques, produce enormes cantidades de flores de color crema en primavera. Tiene unas hojas de olor amargo, pero sus flores son aromáticas y añaden un sutil sabor al mezclarlas en mermeladas y jaleas caseras. Si se rebozan ligeramente y se fríen son deliciosas. También se pueden usar para elaborar un sorbete delicioso y aromático.

Al recoger flores de saúco, asegúrese de elegir las más frescas (las que tienen unos capullos pequeños que acaban de abrirse). Arranque o corte las flores y colóquelas, con cuidado, en una bolsa o una cesta. Intente usarlas tan pronto como llegue a casa.

RECETA PARA UN CORDIAL DE FLORES DE SAÚCO

- Mezcle el azúcar y el agua en una cacerola grande y llévela a ebullición, removiendo hasta que el azúcar se disuelva. Transfiera el contenido de la cacerola a un cuenco.

- Ralle la piel de dos limones e introdúzcala en el cuenco. Luego corte los limones en rodajas y añádalos a la mezcla, junto con el ácido cítrico o el tartárico.

INGREDIENTES

- 25-30 inflorescencias grandes de saúco
- 1,8 kg de azúcar blanquilla
- 1 l de agua
- 2 limones
- 75 g de ácido cítrico o tartárico (en farmacias)

CONSEJOS DE SEGURIDAD

- Asegúrese de saber lo que recolecta.
- No recolecte nada de los arbustos que estén al lado de carreteras: pueden estar contaminados por el humo de los tubos de escape.

- Corte la mayor parte de los tallos de las flores de saúco y añádalos al cuenco.
- Tape y deje reposar 24 horas.
- Cuele la infusión con una muselina y extraiga tanto líquido como pueda.
- Decante el líquido en botellas limpias.
- Introduzca el cordial de flores de saúco en la nevera un par de horas o congélelo hasta que lo necesite. No se conserva bien a temperatura ambiente.

USOS DEL CORDIAL DE FLORES DE SAÚCO

Puede usar este cordial de diversas formas:

Como bebida refrescante Diluya el cordial con agua mineral con o sin gas para obtener una deliciosa bebida veraniega.

Para acompañar la fruta
El cordial no diluido aporta dulzor al verterlo sobre fresas o frambuesas frescas.

Como sorbete veraniego
Añada unos 800 ml de agua a cada 200 ml de cordial e introdúzcalo en un recipiente de plástico. Congélelo dos o tres horas y mézclelo bien. Repita este proceso tres o cuatro veces para romper los cristales de hielo y obtener un sorbete homogéneo y opaco. Este sorbete de delicado sabor es un acompañamiento delicioso para la fruta blanda, y a los niños les encanta tomarlo en los días estivales calurosos.

En salsa de fruta y de flores de saúco Hierva a fuego lento frutas (como ciruelas o albaricoques) en el cordial de flores de saúco hasta que la fruta esté cocida. Triture la mezcla y sírvala con helado de vainilla.

LOS MISTERIOS DE LA PRADERA

Una pradera es un lugar donde se puede correr y las hierbas altas nos cosquillean las piernas. Es un lugar donde poder estar tumbado de espaldas y mirar a través de los tallos, descubriendo nubes con formas de animales en el cielo. Es un sitio en el que gatear y reptar en busca de amigos escondidos o animalitos. Durante algunas tardes de verano memorables, cuando nuestras familias se reúnen en una pradera de la ribera de un río, los niños corren ilusionados por la hierba, se esconden entre el blando perifollo e inspeccionan a los pequeños escarabajos. Pasan toda la tarde explorando y escondiéndose, jugando y relajándose.

LO QUE NECESITARÁ

- Lupas
- Cuerda
- Etiquetas adhesivas
- Cajitas para insectos
- Pinceles viejos
- Una guía de campo
- Una sábana o mantel blanco viejo

Las praderas de heno viejo son lugares emocionantes y gratificantes en los que explorar, pero en la actualidad son bastante raras, y los hábitats similares a las praderas pueden ser igual de divertidos. Búsquelas en las márgenes de los bosques y en zonas de bosque desprovistas de árboles, en los cementerios y en los campos rurales, y a lo largo de senderos, caminos de carro y vías de tren abandonadas. Tanto si está explorando una pradera tradicional como si se trata de una zona desprovista de árboles y hierba de un bosque, trate estos hábitats con respeto. Puede minimizar los daños visitando las praderas a principios de verano, antes de su cosecha, o ir a zonas de dehesa no cultivadas.

Muchas de las actividades descritas en esta sección implican la búsqueda de invertebrados ocultos entre las hierbas y los arbustos. Proporcionar a un niño una lupa le abre una gran ventana a un mundo nuevo en miniatura.

No se preocupe por tener que nombrar todos sus hallazgos: simplemente deje que los niños disfruten descubriendo los lugares donde viven esos animalitos y cómo se comportan. Aquellos que quieran identificar a los invertebrados que encuentren disponen de muchas guías de campo excelentes.

GATEAR ENTRE LA HIERBA

Entre las hierbas altas, el perifollo y los ranúnculos, se esconden cientos de animalitos que los niños podrán detectar fácilmente mientras gatean lentamente por una pradera. La observación detenida de la espuma que deja en la hierba la cigarra espumadora puede mostrar una pequeña ninfa de cigarrilla saltadora. Una telaraña tejida entre unas ramas puede proteger a las arañitas (*véase* pág. 70), mientras su madre está cerca para vigilar. Los montones de tierra pueden resultar hormigueros: el hogar de miles de laboriosas hormigas. Durante una excursión, pudimos oír cómo Dan, uno de los hijos de Jo, decía: «Me gusta ir por la hierba de esta forma. ¡Es como si fuera un bicho!».

- Antes de empezar, cuénteles un cuento, quizás inspirado en *Alicia en el País de las Maravillas* o en *Cariño, he encogido a los niños*. Puede gratificar a los niños con un caramelo o una bebida especial y decirles que tiene propiedades mágicas para hacerles reducir considerablemente su tamaño.

- Dé una lupa a cada niño y deje que se pongan a cuatro patas, o incluso que se tumben completamente para reptar o gatear entre la hierba alta, animándoles a imaginar que forman parte del mundo de la pradera.

- Mientras gatean, haga que los niños observen detenidamente el «bosque» de hierba. Puede que vean a una oruga mordisqueando una hoja, una procesión de hormigas o un grupo de escarabajos alimentándose del néctar de una flor.

SENDEROS DIMINUTOS

En lugar de gatear aleatoriamente, puede que los niños prefieran seguir una cuerda a través de la hierba, del mismo modo que los botánicos usan a veces un trozo de cinta a modo de recorrido lineal imaginario, lo que les proporciona un perfil útil de un lugar. Seguir un camino de cuerda puede hacer que los niños centren su atención, animándoles a observar más de cerca su entorno.

- Proporcione a cada niño un trozo de cuerda.

- Déjeles que escojan una zona pequeña para explorar y use la cuerda para crear un camino o recorrido lineal imaginario que la atraviese.

- Se pueden usar ramitas para mantener la cuerda fijada.

- Anime a los niños a ver cuántas cosas interesantes pueden encontrar por el camino.

- El camino puede atravesar distintos hábitats; quizás pase de una zona herbácea a una pantanosa en el extremo de un estanque. Pregunte a los niños acerca de los distintos tipos de plantas y animales que vea mientras van de un hábitat a otro.

LUGARES SALVAJES BAJO LOS PIES

Muchos niños ya han visitado varios jardines, parques o reservas naturales y saben que cada lugar tiene sus propias características, con distintos hábitats para la vida salvaje y lugares para esconderse y jugar. De lo que quizás no se den cuenta es de que incluso las zonas más pequeñas disponen de diversas cosas en su interior. Además de usar recorridos lineales imaginarios, los científicos que estudian un hábitat llevan un registro de las plantas halladas en los distintos cuadrantes (zonas para la toma de muestras situadas aleatoriamente, pero que tienen una forma y un tamaño estándar). Anime a los niños a convertirse en científicos y vea qué es lo que pueden encontrar en un cuadrante de fabricación casera: su propio «huertecillo» silvestre.

- Pida a los niños que escojan un área pequeña para explorar. Pueden imaginar que se trata de un parque o una reserva natural en miniatura, el jardín de un elfo o el pequeño valle boscoso en el que vive un hada.

- Proporcione a cada niño un par de metros de cuerda. Pídales que aten los cabos juntos y que rodeen una zona especial con la cuerda.

- Una algunas etiquetas adhesivas a las ramitas y úselas para destacar las características más llamativas de cada cuadrante (quizás un hormiguero tapado por un «bosque» de hierba).

- Pida a los niños que escojan características que les gusten: ya sea un grupo de flores silvestres, el nido de una araña o un montón de excrementos de conejo. Anímeles a usar su imaginación: quizás encuentren el lecho de musgo de un hada o la atalaya de un elfo.

- Si los niños deciden que sus pequeñas áreas silvestres no son interesantes, podrían embellecerlas con algunos tesoros recogidos en otros lugares.

- En lugar de usar características ya existentes, los niños podrían crear su propio paisaje en miniatura en un rincón del jardín. A los niños les encanta crear mundos en miniatura que imiten la realidad. El jardincito de la fotografía de la derecha fue elaborado en una caja de cartón recubierta de plástico negro. Se recolectó todo tipo de trocitos de plantas y de otros materiales para crear los caminitos, los parterres, el estanque y la zona para sentarse.

BICHOS EN LOS ARBUSTOS

Las praderas y otras zonas de crecimiento herbáceo suelen estar rodeadas de bosque y arbustos, que también alojan a todo tipo de insectos. Aquí es donde una sábana o un mantel nos serán de utilidad.

- Coloque una manta o un mantel viejo bajo un arbusto. Puede colocarlo en el suelo o pedir a los niños que lo sujeten por cada esquina.

- Agite suave, pero firmemente, las ramas del arbusto por encima de la sábana extendida.

- Deberían caer diversos animalitos sobre la sábana, incluidas mosquitas y escarabajos, mariquitas, orugas y chinches verdes brillantes.

- Dispóngalos con cuidado en cajitas para insectos o en algún otro recipiente para su posterior estudio.

- Los pinceles son de utilidad para recoger los animalitos más diminutos. Coloque el pincel cerca del insecto para que trepe por él.

- Cuando los niños hayan acabado de mirar a los insectos y los escarabajos, deberían volver a colocarlos con cuidado entre las hojas del arbusto.

CAZAR INSECTOS CON UNA RED DE BARRIDO

En una excursión paseamos por una pradera y a lo largo de un sendero bordeado de hierbas altas y flores, mientras tres niñas pequeñas buscaban insectos con una red de barrido (similar a un cazamariposas, pero sin mango). Sólo les llevó unos pasos capturar diversos escarabajos, insectos y moscas.

Hacer un barrido por las hierbas altas con una red grande es la forma más eficaz de capturar a los invertebrados escondidos entre los tallos. La red debería ser liviana, tener una abertura grande y usarse con suavidad para no provocar daños.

- Corte la funda de almohada horizontalmente por la mitad, descartando la mitad con la abertura.
- Cosa un dobladillo de por lo menos 2 cm por todo el contorno de la funda de almohada, dejando una sección pequeña del dobladillo sin coser.
- Extienda la percha e inserte un extremo del alambre en el dobladillo, a través de la sección no cosida. Haga pasar todo el alambre a través del dobladillo. Cosa la abertura del dobladillo, dejando sueltos los extremos del alambre en su interior.

USAR UNA RED DE BARRIDO

- Con el extremo abierto perpendicular al suelo, sujete el borde superior de la red con ambas manos.
- Desplace la red de un lado a otro formando un arco completo mientras camina lentamente.
- Deje de hacer barridos al cabo de un rato y mire en el interior de la red para ver qué ha capturado. Use una cajita para insectos o una lupa para observarlos mejor.
- Recuerde que debe devolver a los animalitos a la zona en la que fueron capturados.

LO QUE NECESITARÁ

- Una funda de almohada vieja
- Una máquina de coser o hilo y aguja
- Una percha de alambre

CONSEJO DE SEGURIDAD

Tenga cuidado con los insectos que pican.

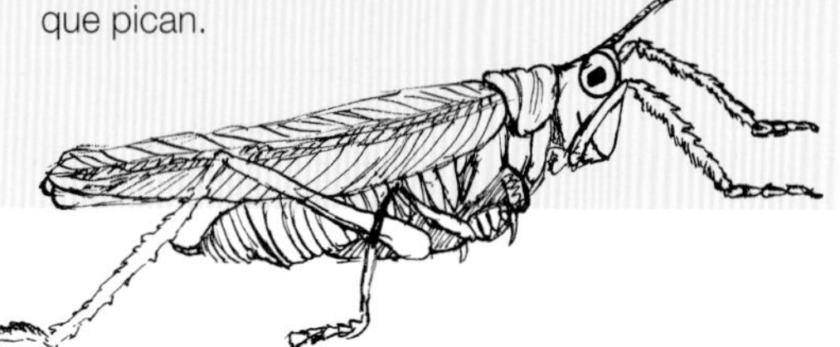

UN VISTAZO MÁS DE CERCA A LAS HIERBAS

Si cree que todas las hierbas son iguales, eche otro vistazo. Los niños saben que se puede obtener un terrible ruido agudo soplando a través de algunas hierbas, mientras que otras se pueden chupar y son dulces; otras tienen flores suaves y otras pueden ser muy ásperas y cortarle los dedos.

Durante un almuerzo familiar, los niños empezaron a recolectar hierbas con flores e inflorescencias o cápsulas con semillas de distintas formas y las pegaron en una hoja de papel. El juego se volvió más competitivo, y empezaron a darse cuenta de que algunas de las hierbas que a primera vista parecían distintas eran, de hecho, de la misma especie. Éste es un buen ejemplo de cómo una competición puede hacer que una actividad sea más emocionante al permitir que los niños se impliquen en algo con lo que quizás no esperaba que disfrutaran.

Cuando los niños caminen o gateen por una pradera a finales de verano, las semillas se les acumularán en las vueltas de los pantalones y en el calzado, o quedarán unidas a la ropa. Intente recogerlas cuando vuelva a casa y siémbrelas en una maceta para intentar que crezca alguna.

LOS COLORES QUE HAY A NUESTRO ALREDEDOR

Se dio a cada niño de un grupo de edades entre los dieciocho meses y los trece años un pedazo de cartón adhesivo (elaborado según el método descrito en la página 75). No quedaron muy impresionados hasta que les expliqué su misión: ver cuántos trozos diminutos de colores naturales podían incluir en su cartón adhesivo. Cada niño quedó completamente absorto en la creación de un mosaico de colores en miniatura. Algunos crearon disposiciones aleatorias y otros dibujos concretos; otros recolectaron tantos colores como les fue posible y otros decidieron buscar distintos tonos y texturas de un color. Trabajaron juntos, los niños mayores ayudando a los más pequeños, y mientras buscaban colores empezaron a observar otros elementos de la naturaleza como, por ejemplo, una abeja sobre una flor, una oruga sobre una hoja y todo un espectro de sombras y colores, incluso en el césped muy corto del jardín.

La mayoría de nosotros apreciamos la riqueza de colores de la naturaleza, pero si observa detenidamente, hay más cosas que ver. Ésta es una de las actividades más sencillas y gratificantes. La pueden disfrutar los niños de todas las edades a lo largo de todo el año, aunque vale especialmente la pena durante los meses estivales y otoñales. Cualquier hábitat natural o incluso jardín en el que los niños puedan recolectar pedacitos de plantas resultará especialmente adecuado, ya que gracias a esta actividad podrán desarrollar sus sentidos.

JUGANDO CON LOS COLORES

- Proporcione a cada niño un cartón y ayúdele a retirar la cinta adhesiva por ambos lados.
- Pida a los niños que reúnan objetos de colores naturales para disponerlos sobre la superficie adhesiva.
- Dígales que no recolecten flores enteras y haga que recojan las especies más comunes.
- Puede que los niños necesiten un poco de ayuda al principio. Muéstreles cómo recoger una sección de una hoja o un pétalo, una semilla lanosa o algunos granos de arena.
- Hágales algunas sugerencias en caso necesario. Quizás podrían colocar el color rojo en un extremo y el verde en el otro, y luego buscar todo el espectro de colores intermedios. Podrían hacer un dibujo a partir de los colores o centrarse sólo en la recogida de un tipo de material, como hojas, pétalos, ramitas o trocitos de corteza. Pueden buscar distintos tonos y texturas de un color o cubrir sus tarjetas con el máximo número posible de colores.

LO QUE NECESITARÁ

Un puñado de tarjetas adhesivas, hechas cortando cartón rígido para obtener cuadrados o rectángulos pequeños y cubriendo uno de los lados con cinta adhesiva de doble cara, como una cinta para alfombras (en ferreterías). Haga unas cuantas tarjetas cada vez y lleve siempre algunas guardadas en la mochila

CONSEJO DE SEGURIDAD

Aleje a los niños de las plantas venenosas o que puedan provocar urticaria.

- Intente hacer que esta actividad se convierta en un reto. ¿Quién puede recolectar el máximo número de colores? ¿Alguien puede cubrir toda la superficie de la tarjeta? ¿Puede alguno encontrar los colores del arco iris?
- Los niños pueden pegar sus mosaicos sobre una cartulina blanca para hacer tarjetas de felicitación, enmarcarlas para crear un cuadro o cubrirlas con una capa de plástico adhesivo (como el que se usa para forrar los libros) para hacer puntos de libro.
- Una alternativa a las tarjetas de colores consiste en crear vidrieras a partir de materiales naturales. Fije una lámina de plástico adhesivo para forrar libros sobre un marco, para así crear la ventana. Los niños podrán entonces unir pétalos y hojas a la superficie adhesiva, intentando escoger materiales, como pétalos de amapola u hojas jóvenes de árboles caducifolios, que permitirán que algo de luz pase a través de ellos.
- No les controle. Deje que los niños decidan qué crear y cómo usar los colores que encuentren.

AROMAS VERANIEGOS

Aproximadamente a los siete años, mi hija y sus amigos registraban el jardín en busca de pétalos coloridos caídos para mezclarlos con agua, machacarlos y producir su perfume de pétalos de olor dulce. Jugaban absortos a este juego que tanto les gustaba, aunque días más tarde encontrábamos los recipientes abandonados en un rincón del jardín, llenos de una masa marrón en descomposición.

La naturaleza está llena de aromas, tanto agradables como desagradables. Tenemos el dulzor de la madreselva, la rosa y la flor del saúco; la fragancia de hierbas aromáticas como la menta y la mejorana; el olor a carne en descomposición del falo hediondo (una seta); las inflorescencias de la oxiacanta; el olor pungente del ajo; el aroma penetrante de la resina de pino o la fragancia marina de la sal y las algas. El verano es la mejor estación para descubrir olores agradables: ésta es la época en que las plantas en floración trabajan duro para atraer a los insectos polinizadores.

LA ELABORACIÓN DE POCIONES PERFUMADAS

Esta divertida actividad puede suponer una buena diversión para una fiesta infantil. Los niños quedarán completamente absortos con la elaboración de pociones, y trabajarán juntos para recoger y mezclar las flores, con lo que podrán disfrutar de las fragancias y los colores de éstas.

- Cada niño necesitará una taza de plástico con un poco de agua. Como alternativa, los niños pueden trabajar en equipo para obtener una poción en una jarra.
- Recomiende a cada niño que encuentre un palo para hacer la mezcla.
- Pida a los niños que busquen hojas, pétalos o frutos para usarlos en su poción.
- Asegúrese de que no recolecten plantas venenosas.

LO QUE NECESITARÁ

- Copas de plástico transparente o vasos de plástico o una jarra
- Agua
- Un mortero y la mano de mortero

CONSEJO DE SEGURIDAD

- Recuerde a los niños que las pociones son para mirarlas y olerlas, no para beberlas.

- Los niños pueden mezclar sus hallazgos directamente en el agua del recipiente o machacarlos antes con una mano de mortero y un mortero.

- Cuando hayan acabado con la mezcla, reúna a los niños para que escojan un nombre para cada poción; deje que todos las huelan bien. Tengan cuidado, porque alguna mente traviesa suele añadir algo de olor desagradable en su poción.

OLORES SECRETOS

¿Ha intentado alguna vez identificar hojas o bayas únicamente por su olor? Algunos olores son tan característicos que son inconfundibles, pero hay otros que cuestan más de distinguir. Esta actividad implica intentar identificar materiales naturales a partir de su olor.

- Haga que los niños se sienten y déles una venda para los ojos.

- Deje que huelan una de las sustancias aromáticas cada vez, para ver si la pueden identificar únicamente por su olor.

- Si tienen dificultades para identificarlas, vuelva a hacer circular el producto para que los niños puedan palparlo, además de olerlo.

LO QUE NECESITARÁ

- Vendas para los ojos: por ejemplo bufandas o máscaras para los ojos
- Una colección de materiales naturales de olor intenso. Entre ellos puede incluir flores, frutas, agujas de coníferas, hojas en descomposición o hierbas silvestres, como la menta, el tomillo o la mejorana

DETÉNGASE Y ESCUCHE

La vida de los niños está llena de ruido: la televisión, la radio, los juegos de ordenador e incluso su propio parloteo incesante. No necesitan escuchar, porque el ruido les rodea. Incluso cuando juegan fuera de casa, se llaman y se gritan, ajenos a los sonidos de la naturaleza. Aun así, los niños pueden reposar tranquilamente, como el juego de los leones durmientes nos ha mostrado muchas veces. Cuando una fiesta se torne muy ruidosa, será una forma sencilla de calmar a los niños y de asegurar unos minutos de paz y tranquilidad. Los niños se tumban en el suelo, intentando quedarse totalmente quietos y en silencio. Introduzca un elemento competitivo ofreciendo un premio al «león» más dormilón y la habitación se llenará de niños inmóviles, callados y estirados en el suelo al instante.

A no ser que se detenga a escucharlos, los sonidos de la naturaleza le pasarán desapercibidos. Pero si escucha con atención, podrá oír el zumbido de los insectos, el parloteo de las golondrinas, el susurro del viento entre las hojas, el arrullo de un riachuelo, una hoja que cae y aterriza en el suelo, la ligera detonación de los envoltorios de las semillas al abrirse... Escuche los sonidos de la naturaleza.

EL JUEGO DE LOS LEONES DURMIENTES QUE ESCUCHAN

- Invite a todos a sentarse o tumbarse en círculo. También puede pedir a cada uno que encuentre su propio lugar especial, un poco apartado del resto de los niños.

- Proporcione un reto a los niños. ¿Quién puede escuchar hasta diez sonidos provenientes de la naturaleza? ¿Quién puede estar en silencio durante más tiempo? ¿Puede alguien identificar el sonido que emite algún ave? ¿Puede alguien oír a algún insecto o animal? El truco de los leones durmientes funciona muy bien.

- Intente jugar a este juego en plena naturaleza con algunos sonidos no naturales, aunque en la práctica es casi imposible librarse por completo de los sonidos de los aviones o del tráfico en la distancia.

- Después de algunos minutos, rompa el silencio y pida a los niños que describan los sonidos que han oído. ¿Saben cuáles de ellos proceden de la naturaleza y cuáles no?

- Pruebe este juego en distintos hábitats: en una pradera, en un bosque, al lado de un riachuelo o en un jardín.

- El momento más gratificante para escuchar sonidos es temprano por la mañana o al caer la tarde.

TEJER

Los nativos norteamericanos creen que colocar una red de fibras naturales tejidas cerca de la cama de un niño atrapará sus pesadillas, permitiendo que sólo lleguen a él los buenos sueños. Los «atrapasueños», hechos con aros pequeños de madera cruzados por fibras y decorados con plumas especialmente escogidas y otros adornos naturales, también constituyen un bonito elemento decorativo. Sus orígenes se remontan a una época en la que los nativos sobrevivían únicamente con aquello que les proporcionaba la tierra. En la actualidad, existen «atrapasueños» en muchos países, hechos de materiales manufacturados, como plástico y cuentas, además de materiales naturales. Los «atrapasueños» nos inspiraron esta actividad de tejido en la que los niños decoran unos marcos de madera con varios materiales naturales.

LA ELABORACIÓN DEL MARCO

- Elabore cada marco doblando una ramita flexible para formar un círculo, y fíjelo envolviendo el punto de unión de ambos extremos con lana.
- Ate un trozo largo de lana (lo ideal es que sea del mismo color que la ramita) al aro. Hágalo pasar hasta el otro lado y déle un par de vueltas alrededor del palito. Repita este proceso hasta haber formado una red.
- Añada un lazo de lana a modo de asa y ate dos o tres hebras en el lado opuesto del aro, de las que colgará adornos por debajo de la red.

LA DECORACIÓN DE LOS «ATRAPASUEÑOS»

- Llévese los marcos de los «atrapasueños» cuando salga a dar un paseo y recoja materiales naturales para tejerlos en ellos.
- Los niños podrían enrollar una ramita flexible o hierbas alrededor del aro externo.
- También pueden enhebrar hierbas, plumas y flores entre la red.
- Puede que quieran colgar pequeños trofeos, como frutos secos, caracolas o plumas del extremo inferior.
- Mientras sale a dar un paseo, intente crear un telar totalmente natural a partir de palos bifurcados o ramitas. Podrá entonces añadir lo que ha tejido para que otras personas añadan también sus creaciones.

LO QUE NECESITARÁ

- Ramitas largas y flexibles
- Lana
- Hilo

CASTILLOS EN EL AIRE

Para algunos niños, el verano es sinónimo de viajes a la playa: construir castillos de arena, saltar sobre las olas, comer helado y quizás pasear a lomos de un burro. Pero un viaje a la playa puede implicar muchas más cosas. Puede haber riachuelos en los que crear una presa, lagos de agua de mar llenos de anémonas y cangrejos, cantos rodados que revolver o dunas entre las que esconderse. El rastrillado de la arena puede descubrir caracolas de todas las formas y tamaños, piedras de colores, joyas en forma de vidrio pulido por el mar, las cápsulas de los huevos (conocidos con el nombre de bolsos de sirena) de la hembra de galludo (un tiburón pequeño), madera de deriva descolorida y quizás el esqueleto de un erizo de mar. Tanto si las costas son arenosas, como llenas de guijarros, rocosas o fangosas, le ofrecerán numerosas oportunidades para jugar, descubrir y vivir aventuras imaginarias.

Los ríos y los riachuelos también son lugares emocionantes. En unas vacaciones por el Mediterráneo, Hannah y Edward se negaron en rotundo a ir a la playa; preferían volver cada tarde a su lugar favorito, al lado de un río. Allí, el agua clara discurría entre rocas y a través de playas de guijarros. Nadábamos en pozas profundas y nos deslizábamos por pequeñas cascadas. Los niños se convirtieron en exploradores intrépidos, trepando por las rocas para descubrir territorios inexplorados en los que las lagartijas que huían eran fieros cocodrilos; las cascadas, rápidos insuperables, y las pozas, lagunas llenas de tiburones.

Puede que los castillos en el aire queden un poco lejos de nuestro alcance, incluso para las imaginaciones más vivas, pero la construcción de castillos puede ir mucho más allá de cubos de arena vueltos del revés en la playa. Los fuertes, los palacios, las presas, los mojones y las aldeas en miniatura son sólo parte de las estructuras que pueden crearse en una playa o en la orilla de un río con algo de imaginación y muchas rocas, cantos rodados, madera de deriva o arena. Mientras están inmersos en estas actividades, los niños también pueden darse cuenta de otras cosas, como la intrigante variedad de formas y colores de las piedras.

JUEGOS CON CANTOS RODADOS

Durante una visita a una playa salvaje y desierta, mis hijos se encontraron con una aldea de cantos rodados semiderruida. Muros de cantos rodados rodeaban los jardincitos, y senderos de piedra, conducían a casitas de campo, también de guijarros, que se desmoronaban. Era como si los diminutos habitantes hubieran abandonado la aldea apresuradamente. Encantados por haber descubierto el juego inacabado de otro, los niños adoptaron la aldea como suya y la embellecieron con más casas y torres, e incluso con jardines con árboles hechos con algas. El momento de la partida llegó muy pronto, y tuvimos que llevarnos a rastras a los niños, que no querían irse, aunque esperaban que otra familia continuara la tarea donde ellos la habían dejado.

Torres de piedra Construir en una playa puede convertirse en un proyecto para toda la familia. Podrían hacer una competición para ver quién puede construir la torre más alta en el lugar más destacado o quién puede apilar más guijarros unos encima de otros. Hace falta tener cuidado: un movimiento en falso y toda la torre podría caer. También podría intentar jugar a los bolos con cantos rodados. Construya una pequeña torre de piedras y láncele gui-

CONSEJOS DE SEGURIDAD

- Vigile a los niños cuando jueguen al lado de un río, un riachuelo o el mar, y manténgalos siempre alejados de las aguas profundas y rápidas.
- Los pequeños riachuelos que fluyen tranquilos son los cursos de agua más seguros para que los niños jueguen y también parecen atraerles especialmente, probablemente porque tienen una escala similar a la suya.

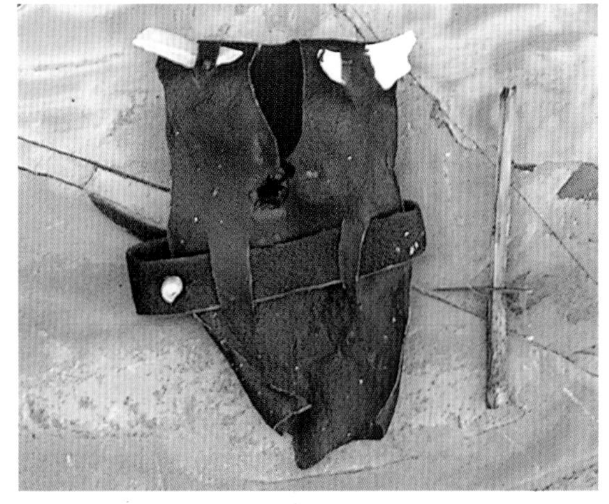

CONSEJO DE SEGURIDAD
Debe vigilar en todo momento a los niños pequeños que jueguen con piedras y guijarros.

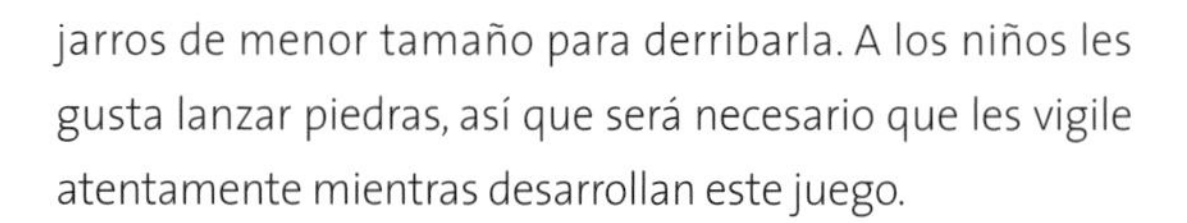

jarros de menor tamaño para derribarla. A los niños les gusta lanzar piedras, así que será necesario que les vigile atentamente mientras desarrollan este juego.

Piedras con agujeros La hija de un amigo quedó encantada e intrigada cuando encontró una piedra con un agujero provocado por la erosión del mar. Enhebró la piedra con un trozo de bramante que encontró y rastreó la playa para ver si encontraba más. El resultado fue un collar inusual, además de bastante pesado. Hemos seguido su ejemplo, pero nuestra cuerda con piedras ensartadas cuelga de un árbol en el jardín y constituye un curioso móvil.

La mesa y la silla de una ninfa marina La mesa de comedor que aparece en la página siguiente tardó varias horas en construirse: los niños buscaron con paciencia los diminutos fragmentos que necesitaban. Las astillas de madera de deriva se convirtieron en los cubiertos, los trocitos de alga se transformaron en la comida, los caparazones y las piedras pasaron a ser platos y cuencos, y dos caracolas pequeñas se convirtieron en una copa. El festín se dispuso para una pequeña ninfa o sirena marina. Mientras tanto, otro niño elaboró el utillaje de un guerrero marino. La fotografía superior de la izquierda muestra la pequeña armadura de quelpo o encina de mar con sus alfileres y charreteras de caracola, y la diminuta espada.

Fuertes de guijarros Este elaborado fuerte se construyó con guijarros de todas las formas y tamaños junto con madera y soga arrastrada por el mar.

Mojones de piedras Intente construir mojones cónicos a lo largo de la costa, mientras cambia la marea. ¿De quién será el mojón que resistirá más tiempo?

Diseños y dibujos con cantos rodados Escoja cantos rodados de distintos tamaños y colores y úselos para hacer *collages* en la playa o en una roca cercana.

Tesoros en los cantos rodados Aquellos con muy buena vista podrían tener la suerte de encontrar fósiles o piedras semipreciosas.

ESTRUCTURAS DE ARENA

Castillos de fango Los puñados de arena húmeda recogidos dentro de la marca dejada por la marea alta se deshacen agradablemente entre los dedos y se pueden utilizar para construir maravillosos castillos góticos. La arena debe tener la consistencia correcta: lo bastante húmeda como para escurrirse entre los dedos, aunque lo suficientemente firme para permanecer en un lugar. Intente introducir un elemento competitivo: ¿cuántos castillos pueden construir los niños?

Esculturas de arena Caminando por la playa, nos encontramos con una sirena elegante y con curvas que nos miraba desde la arena. Estaba perfectamente modelada, hasta en el detalle del cabello y las escamas de la cola. Inspirados por ella, los niños empezaron de inmediato a elaborar sus propias esculturas de arena. Tras un modelado cuidadoso, surgieron un delfín y una tortuga en la superficie de la playa.

Mosaicos con caracolas Durante unas vacaciones nuestros hijos encontraron cientos de caracolas acumuladas en una playa remota. En lugar de recogerlas, decidieron hacer dibujos con ellas: crearon un cangrejo y un delfín. Puede que a los niños les cueste abandonar sus obras maestras, así que intente fotografiarlas. Podría hacer un álbum de obras de arte efímeras realizadas en distintos lugares.

Colecciones de caracolas A los niños les encanta coleccionar caracolas de distintas formas y colores. Si ya tiene una colección de caracolas, podría hacer mosaicos con ellas. Para conseguir un diseño más permanente, disponga las caracolas sobre escayola.

ESCULTURAS DE RESTOS Y DESECHOS

Muchas playas tienen desechos no biodegradables, la mayoría de los cuales proceden de los barcos que están en alta mar. Esta basura tiene un aspecto desagradable, pero puede emplear parte de ella para crear esculturas originales, y con el proceso de recogida ayudará a limpiar la playa. Imagine su sorpresa si, después de descender por un risco largo y estrecho para llegar a una playa desierta, se encontrara con un caballo hecho con restos y desechos con una lengua rosada creada con una chancleta y un pelaje de sogas anudadas. Esto es exactamente lo que les pasó a Jo y sus hijos: aunque quedaron decepcionados al encontrar tanta basura en la playa, se mostraron completamente encantados con este caballo loco. Pasaron el resto del verano rastrillando la playa y construyendo todo tipo de criaturas raras y maravillosas con trozos y piezas de plástico y cuerda. Su favorita era un león con una melena anaranjada de soga y unos pies hechos con unos guantes de plástico que dejaron en la playa para que vigilara la estrecha entrada hacia una cala secreta con la esperanza de que sorprendiera e inspirara a otra familia.

CONSEJOS DE SEGURIDAD

- En una playa, los adultos deben vigilar en todo momento.
- Compruebe que la basura no esté contaminada con combustible o alquitrán y que sea seguro jugar con ella.
- No recoja recipientes de plástico que hayan podido contener materiales tóxicos.
- Toda la basura de la playa que no se haya usado debería dejarse en un montón ordenado una vez haya finalizado la escultura: ésta es una buena oportunidad para ayudar a mantener limpia la playa.

MUÑECAS DE CEREALES

Se cree que la paja de la cosecha se transforma en muñecas de cereales desde que el hombre empezó a cultivarlos. El nombre «muñeca» induce a error. Las muñecas de cereales consistían, tradicionalmente, en nudos, abanicos, faroles y todo tipo de formas, pero rara vez se parecían a una muñeca. En sus orígenes, tenían una gran importancia ritual: se creía que eran la verdadera personificación del espíritu de los cultivos y que podían ayudar a asegurar el éxito de la cosecha del año siguiente. Con frecuencia se usaban para decorar la mesa durante la fiesta del fin de la cosecha, antes de colgarlas en la cocina de la granja hasta la cosecha del año siguiente. La paja que queda en los campos se sigue empleando para hacer muñecas de cereales, pero, en la actualidad, tienen fines decorativos y no rituales.

LA ELABORACIÓN DE UNA MUÑECA DE CEREAL

- Ate juntos un grupo de tallos con rafia para formar un haz ordenado, y recorte los bordes con unas tijeras.
- Divida la paja de la mitad inferior en dos partes para las piernas y los pies de la muñeca; átelas con rafia.
- Ate con rafia un haz más fino de paja formando un ángulo recto para crear los brazos.
- Teja en la paja hierbas más finas, hojas o semillas para crear detalles con la forma que desee.

En una expedición a un campo cultivado de cereales, un grupo de niños recogió paja cortada y parte de las hierbas más finas que crecían en las márgenes del campo. Intentaron retorcer y trenzar los tallos para crear una variada colección de muñecas y animales de cereales de la cual estaban muy orgullosos. Más tarde, construyeron refugios en la hierba larga cortada y corrieron por el rastrojo, aprovechando al máximo las últimas horas de libertad al final de las largas vacaciones de verano. Parte del cereal y de las hierbas se llevaron a casa para elaborar el hombre de cereal de la fotografía superior.

LO QUE NECESITARÁ

- Paja y algunas espigas de trigo o cebada recogidas de un campo cultivado
- Algunas hierbas más finas y hojas y semillas
- Rafia
- Tijeras o cizalla

CONSEJO DE SEGURIDAD

Vigile a los niños pequeños mientras trabajen con unas tijeras o una cizalla afiladas.

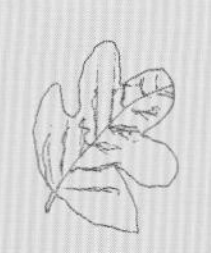

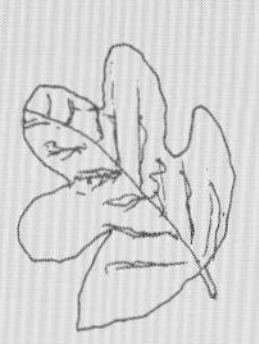

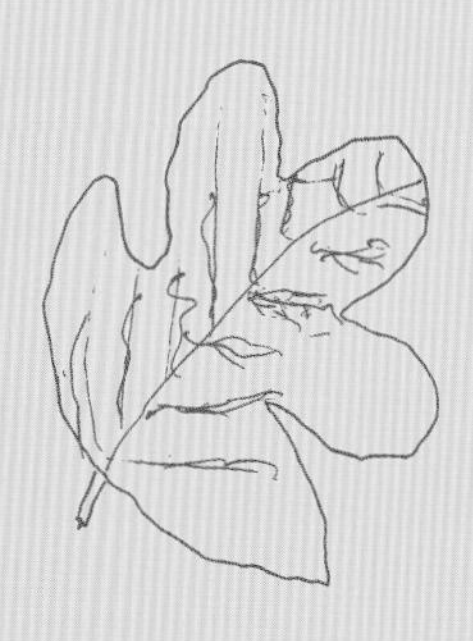

EL OTOÑO

APROVECHAR EL OTOÑO AL MÁXIMO

El otoño llega de forma casi imperceptible. A medida que el calor del verano se apaga, las tardes se vuelven más frescas y, poco a poco, los días se hacen más cortos. Una luz más suave y sutil sustituye a la luz potente del verano, y las mañanas con niebla dejan una gruesa capa de rocío sobre la hierba. Ha finalizado la estación del crecimiento, y con el primer asomo de la escarcha, las hojas empiezan a cambiar de color, preparándose para caer. Los niños pueden percibir algunos de estos cambios: sienten el frío en el aire, ya no tienen que irse a dormir mientras todavía es de día, pueden jugar entre las hojas coloridas y crujientes, e ir a recolectar castañas y bayas jugosas.

El otoño es la estación de la cosecha, y hay más alimento natural disponible que en cualquier otro momento del año. Los animales y las aves se dan festines y recolectan reservas de los frutos y las semillas que están madurando, con lo que ayudan, inadvertidamente, a diseminar las plantas por lugares nuevos. Los animales se preparan para el invierno: algunos acumulan fuerzas para emigrar a países más cálidos, mientras que otros acumulan grasa para que les ayude a sobrevivir durante los fríos meses que vendrán a continuación. En el mundo de los humanos, la cosecha ya se ha recolectado, pero ahora es el momento de los frutales, los frutos secos y las bayas.

Cuando nuestras vidas estaban inextricablemente unidas a las estaciones, el otoño era la época para almacenar y conservar el alimento para que durara todo el invierno. Pero esta conexión con el ciclo anual se ha ido debilitando, de modo que mucha gente de los países desarrollados come lo que quiere cuando quiere. Las estanterías de los supermercados están repletas de alimentos procedentes de todo el mundo y, si lo desea, puede comer fresas durante todo el año. Los niños deben volver a conectar con la naturaleza y con sus estaciones si quieren apreciar cómo dependen sus vidas del crecimiento y la producción de alimento.

Hay algo profundamente satisfactorio sobre la recolección de alimento gratuito: los recuerdos de los otoños de mi niñez están repletos de dedos manchados de color púrpura y del sabor dulce de las bayas. Las moras crecen a una altura ideal para que los niños las recolecten directamente de la zarza. Escoja aquellas zarzas que estén alejadas de las carreteras y permita que los niños se den un festín de productos naturales, pero intente persuadirles de que guarden unas cuantas para consumir en casa. Incluso aunque no les emocione el pastel de moras, no podrán resistirse a bocados como un puñado de moras descongeladas mezcladas con yogur natural y un poco de miel. Las bayas siguen siendo el único cultivo silvestre que un número significativo de gente recolecta y, por tanto, desempeñan un papel especial al conectarnos con la naturaleza. Lleve a sus hijos a recoger la cosecha que nos ofrece la naturaleza (bayas, castañas en sus envoltorios espinosos y manzanas, ciruelas damascenas y endrinas silvestres) y refuerce la conexión entre nuestras vidas y los ritmos naturales de la tierra.

PINTURAS NATURALES

Durante un paseo otoñal, los niños de una guardería vieron un montón de bayas de saúco moradas que colgaban por el sendero e insistieron en llevarse algunas. De vuelta a la guardería, tomaron puñados de estas bayas y las apretaron entre sus manos hasta que un líquido rojo intenso goteó entre sus dedos. Éste se convirtió en su propia «pintura» de color sangre, que usaron con entusiasmo para crear dibujos y cuadros hechos con las huellas de sus manos como recuerdo de su paseo otoñal.

La naturaleza ha sido, desde hace mucho tiempo, una fuente de pigmentos para tintes. Aunque la correcta extracción y fijación de los tintes es un proceso técnico complejo, los niños pueden divertirse mucho experimentando y ensuciándose mientras descubren que distintos vegetales producen diferentes colores. Varios frutos y hojas silvestres nos ofrecen sus colores con facilidad: podemos obtener el color púrpura apretando bayas de saúco y moras, el amarillo de las manzanas silvestres, un color azul-negro intenso de las endrinas y las ciruelas damascenas, y tonos sutiles de verde de la hierba.

Las antiguas pinturas sobre rocas de los aborígenes, que representaban a animales y espíritus místicos sagrados que nuestros hijos pudieron ver durante unas vacaciones en Australia, les inspiraron en una excursión a lo largo del límite de un bosque para descubrir fuentes naturales de colores. El objetivo consistía en elaborar nuestras propias pinturas y usarlas para crear diseños y dibujos sobre los troncos de los árboles y sobre trozos de corteza. Estaba implicado un elemento de sorpresa, ya que los niños no siempre podían prever los colores que obtendrían a partir de sus materias primas.

LA ELABORACIÓN DE PINTURAS

- Anime a los niños a buscar a su alrededor y a predecir qué materias vegetales pueden producir ciertos colores. En esta excursión, los niños experimentaron con bayas de saúco, moras, hierba y escaramujo.
- Si no está seguro de cómo evitar las bayas venenosas, lleve una guía de campo ilustrada o vaya con alguien que pueda identificar las plantas.
- Introduzca un solo producto en el mortero cada vez y macháquelo con la mano de mortero, añadiendo agua en caso necesario. A algunos niños les encanta ponerse manos a la obra muy en serio con esta actividad, haciendo las mezclas con sus manos y tiñéndose los brazos y la cara, como si fueran pinturas de guerra.

- Pregunte a los niños si han obtenido el color que deseaban. Algunos colores son intensos y vibrantes, y otros resultan más sutiles y de más difícil obtención.
- Para conseguir una pintura homogénea, viértala en un recipiente haciéndola pasar a través de un colador.
- Use la pintura para decorar hojas grandes, trozos de corteza o el tronco de un árbol. Intente crear dibujos, diseños o huellas de manos, o pinte flechas para marcar un rastro que otros tendrán que seguir.
- No es fácil usar con eficacia los colores más sutiles fuera de casa. Lléveselos a casa en un recipiente con tapa para que los niños puedan usarlos sobre papel, haciendo un dibujo o imprimiendo un diseño como recuerdo de los pigmentos naturales del otoño.

LO QUE NECESITARÁ
- Un mortero y una mano de mortero
- Cuencos pequeños de plástico y recipientes con tapa, como los tubos para los carretes de fotos
- Agua
- Un colador
- Papel y pinceles viejos
- Ropa vieja (algunos de los colores dejarán mancha)

CONSEJOS DE SEGURIDAD
- Elabore únicamente tintes con bayas de plantas no venenosas.
- Si no está seguro de poder identificar las plantas, llévese una guía de campo.
- Asegúrese de que los niños se laven bien las manos al acabar.

COLECCIONES OTOÑALES

Los antiguos naturalistas adquirían gran parte de sus conocimientos de la naturaleza haciendo colecciones. Robaban huevos de los nidos de las aves, secaban las flores silvestres y conservaban insectos; a continuación tomaban notas detalladas sobre sus hallazgos y reunían las distintas piezas de la diversidad ecológica. Estas colecciones se miran, hoy en día, con desdén, pero la enorme abundancia otoñal de hojas de distintos colores, frutas y semillas nos permite recoger recuerdos naturales.

A los niños les encanta hacer colecciones, ya sea de naipes, medallas, pegatinas, canicas o castañas de Indias. Los objetos que conforman las colecciones se cuentan, una y otra vez, se clasifican y se comparan con cariño (y se disfruta de ellas). En otoño, en muchos países, los niños trepan a los castaños de Indias, ansiosos por encontrar la castaña más grande, hermosa, reluciente y perfecta. Abren las espinosas cubiertas verdes para sacar la castaña, lisa y brillante, que se encuentra en su lecho blanco, y llenan sus bolsillos con las castañas más grandes y mejores. Se recogen para el juego de romper las castañas (las agujerean con un punzón, hacen pasar una cuerda a través del agujero y hacen un nudo en un cabo. Los jugadores golpean, por turnos, la castaña de su adversario hasta que una de ellas acaba hecha trizas) y se almacenan en cajas o latas, para sacarlas de vez en cuando para contarlas, ordenarlas y compararlas. Puede que el juego de romper las castañas sea sólo una excusa para hacer y conservar una colección.

LA RECOLECCIÓN DE SEMILLAS

Aunque la mayoría de los árboles producen enormes cantidades de semillas, sólo unas pocas encontrarán un lugar adecuado en el que germinar y crecer, y la mayoría se pudrirán o se consumirán. Esto significa que habrá multitud de semillas disponibles para que los niños las recolecten y les den alguna utilidad creativa.

Semillas de arce Tire al aire las semillas «helicóptero» de la familia de los arces para ver cómo caen girando.

Bellotas Sacar las bellotas con delicadeza de su cúpula es algo que me proporciona mucha satisfacción. Deje las bellotas como alimento para las ardillas, pero conserve las cúpulas para usarlas en juegos imaginarios: quizás para hacer un juego de té para una casita de elfos.

Avellanas Se recogen entre los setos vivos y son deliciosas cuando están maduras.

Escaramujo Recolecte escaramujo, con su color rojo rubí, para elaborar jarabe. Una taza de pulpa de escaramujo contiene más vitamina C que cuarenta naranjas. No obstante, los niños quedan mucho más impresionados con sus semillas, recubiertas de pelos gruesos que constituyen un eficaz polvo pica-pica al retirarlos. Conserve algunos escaramujos y otras bayas en un lugar fresco hasta principios de invierno, ya que serán de utilidad para las decoraciones naturales descritas en la página 131.

Piña Se pueden usar para variedad de actividades de artesanía. En una excursión otoñal, un grupo de niños recogió piñas y, uniéndoles unas ramitas a modo de patas, las convirtieron en unos cerditos, que colocaron en línea a lo largo de una rama. Puede que la adición de unas alas de helecho hubiera hecho que los cerdos volaran... Intente recolectar distintos tipos de piñas para ver cuántos animales distintos puede crear enteramente a partir de materiales naturales, quizás usando ramitas a modo de patas, semillas como ojos y hojas como orejas.

CONSEJO DE SEGURIDAD
Asegúrese de que los niños no recojan materiales venenosos.

ÁRBOLES EN CRECIMIENTO

Después de un largo paseo otoñal por pistas forestales, los niños vaciaron sus bolsillos, lo que reveló una colección de bellotas lisas y brillantes. Enterraron algunas en macetas que dejaron en el jardín y al poco tiempo se olvidaron de ellas. La siguiente primavera volvieron a ver las macetas y observaron que unos pequeños brotes verdes salían de la tierra, en busca de la luz. Durante ese verano, los niños regaron los pequeños plantones cuidadosamente, y pudieron ver cómo crecían cada vez más fuertes. El invierno siguiente los plantaron en los campos comunales del pueblo, donde los plantones tendrían espacio para crecer.

Las semillas necesitan un período de frío antes de poder germinar, por lo que hacerlas crecer resulta fácil, aunque supone un proyecto a largo plazo. Puede tener los arbolitos jóvenes en macetas un par de años, pero luego debería trasplantarlos a un lugar adecuado (póngase en contacto con una organización para la conservación de la naturaleza para que le aconsejen). Se trata de una forma práctica de implicar a los niños en la creación de hábitats, pero es importante que los árboles se planten en un lugar adecuado y que alguien se responsabilice de sus cuidados posteriores.

MÓVILES DEL BOSQUE

Esta actividad, que combina el placer y la emoción de recolectar junto con la creación de un recuerdo otoñal, seguirá recordando a los niños el otoño una vez que haya llegado el crudo invierno.

LA ELABORACIÓN DE UN MÓVIL

- Durante una excursión otoñal, recolecte tesoros como hojas, castañas, bellotas, piñas, semillas aladas de arce, hayucos y corteza. Busque escaramujo y bayas entre los setos vivos o semillas e inflorescencias o cápsulas con semillas en una pradera.

- Deje que los niños escojan sus propios tesoros (las cosas que crean que son especiales y hermosas), pero asegúrese de que sólo recojan objetos que abunden en la naturaleza.

- Llévese la colección a casa o fabrique el móvil durante la excursión.

- Escoja un palo de unos 30 cm de largo. Si quiere elaborar un móvil más complejo, recoja también algunos más cortos.

LO QUE NECESITARÁ

- Una bolsa para recoger objetos
- Cuerda o lana
- Una broqueta o un punzón
- Unas tijeras
- Agujas para hacer tapices

CONSEJOS DE SEGURIDAD

- Asegúrese de que los niños no recolecten materiales peligrosos.
- Los adultos deben supervisar a los niños cuando manejen una broqueta, un punzón o una aguja para hacer tapices.

- Realice agujeros atravesando las semillas y los frutos secos con una broqueta o un punzón (puede que sea necesario que lo haga un adulto).

- Haga un nudo en el extremo de cada trozo de cuerda o de lana y use luego la aguja para enhebrar los tesoros en las cuerdas. Intente enhebrar una mezcla de objetos pesados y livianos para que el peso se distribuya de forma homogénea.

- Experimente con las formas, los tamaños y los colores, probando distintas disposiciones de semillas y hojas para conseguir el mejor efecto posible.

- Ate las cuerdas al palo, equilibrándolas con cuidado. Como alternativa, elabore un móvil más complejo con capas adicionales de palos horizontales. A continuación, una un trozo grande de lana o cuerda a ambos extremos del palo superior para formar un asa.

- Cuelgue el móvil entre los árboles para disfrutar de él durante futuros paseos, o lléveselo a casa y colóquelo en el exterior de una ventana, donde podrá verlo agitarse cuando haga viento y cambiando lentamente a medida que el otoño dé paso al invierno.

ALFOMBRAS MÁGICAS

Las alfombras mágicas de los cuentos para niños pueden llevarle volando a cualquier parte. Quizás estén muy bien tejidas y adornadas con diseños exóticos e intricados de cálidos colores otoñales pero, una vez más, puede que estos detalles se completen en la imaginación de cada persona.

Durante una visita a una arboleda llena de colores otoñales, encontramos un pulcro rectángulo formado por palos sobre la hierba: un marco vacío quizás esperando a ser rellenado. Un poco más allá, nos encontramos con un grupo de escolares que reunían con ilusión hojas, piñas de abeto, castañas, agujas de pino y semillas del suelo del bosque. De regreso al marco de palos, vimos que unos niños lo rellenaban con un *collage* de sus hallazgos. Cada uno trabajaba en su propia sección: algunos hacían diseños y formas y otros creaban dibujos de animales. Cada uno tenía su forma de trabajar con los materiales que había escogido. Vimos más *collages* gigantes que cubrían el suelo: todos muy hermosos y dispuestos para que otros los descubrieran. Representaban la forma de un oso de peluche hecho con castañas y piñas, círculos de hojas de colores vivos decoradas con bayas, hierba a la que se había dado la forma de nidos y lo que parecían ser simples diseños aleatorios de color otoñal. Elaboradas totalmente con materiales naturales encontrados en la arboleda, estas obras de arte efímeras nos mostraron un uso imaginativo de las formas, las texturas y los colores. Más tarde averiguamos que se suponía que eran alfombras mágicas creadas como parte de un proyecto artístico para las escuelas locales.

CONSEJO DE SEGURIDAD

Asegúrese de que los niños no recojan materiales venenosos.

LA ELABORACIÓN DE UNA ALFOMBRA MÁGICA

Los niños con una imaginación despierta pueden soñar en salir volando hacia quién sabe dónde sobre una alfombra mágica creada con su propia y apreciada colección de hojas y semillas. Se trata de un proyecto ideal para elaborar en familia y atractivo para todas las edades. Es una forma excelente de usar los materiales hallados en las cercanías para captar los sentimientos acerca de un lugar en un momento concreto, y proporcionará placer, y quizás hasta inspiración, a otras personas.

Las alfombras mágicas se pueden hacer a cualquier escala, y los niños deberían inspirarse en los materiales. Un niño usó bayas rojas para elaborar una cara que miraba hacia arriba desde la hierba, mientras que otro creó un diseño intrincado y bellamente enmarcado.

Durante una excursión que incluía a un gran grupo de niños, los chicos y las chicas se dividieron para crear sus propias interpretaciones de una alfombra mágica. Las niñas elaboraron un imaginativo pez con trozos de corteza y hojas coloridas y los niños hicieron un dibujo detallado, inspirado en su entorno, que representaba un fuego, un árbol y un pavo real. Ambos grupos dieron con sus propias formas de usar los materiales naturales, trabajando juntos como un equipo.

Al igual que todo el arte efímero, se puede volver para ver las alfombras mágicas y observar cómo cambian con el efecto del tiempo, la naturaleza y los elementos, mientras avanza el inevitable proceso de la descomposición.

CASITAS DE ELFOS

Los animales salvajes suelen ser huidizos y es difícil que los adultos observadores los vean (por no hablar de un grupo de niños ruidosos). Por mucho que pueda saber de los tejones, los zorros, las comadrejas y los ciervos, rara vez se ven estos animales y quizás hasta se pregunten si de verdad existen. Por tanto, es bastante comprensible que los niños crean que hay seres diminutos (hadas reservadas o elfos valientes) que viven en los bosques y que los observan en silencio y siempre los evitan, igual que los animales.

Quizás, estos elfos y hadas estén esperando que los niños les construyan casitas a las que entrar a vivir una vez se vuelvan a quedar solos en el bosque. Puede que a estos seres diminutos del bosque les guste vivir en un hueco oscuro cerca de la base de un árbol, con un lecho blando de musgo y una reserva de avellanas como alimento. O puede que prefieran un hueco en el suelo bajo un techo de ramitas y hojas, con una mesita de piedra, con copas hechas con bellotas y una buena ración de bayas de espino albar en un plato hecho con una hoja. Puede que un caballero elfo necesite una atalaya, como por ejemplo un agujero en un árbol, al que se pueda acceder sólo mediante una pequeña escalera y que esté cerrado con una robusta puerta de corteza.

La construcción de casitas de elfos con cualquier material que se pueda encontrar es una gran válvula de escape para las imaginaciones más despiertas en casi cualquier entorno. Jake y Edward hasta las hicieron en una esquina del patio de recreo de la escuela usando sólo tierra, unas pocas piedras y ramitas y muchísima imaginación. A los niños y las niñas de todas las edades les encanta crear sus propios mundos en miniatura, y juegan con tal intensidad que nada puede penetrar en los lugares mágicos y vívidos que imaginan.

LA CONSTRUCCIÓN DE CASITAS DE ELFOS

Las casitas de elfos pueden construirse en cualquier lugar, siempre que disponga de algunos materiales naturales que usar, como las hojas, los frutos y los frutos secos caídos, que abundan en otoño. No se lleve nada: esta actividad consiste en aprovechar al máximo todo aquello que esté disponible en la naturaleza y dilucidar cómo usar los distintos objetos.

- Encuentre un lugar adecuado para construir una casita de elfos, quizás entre las raíces de un árbol, en un tocón hueco, entre un montón de piedras o en un agujero en el suelo. Los niños deben escoger el lugar: un sitio que llame su atención y que disponga de todos los elementos que ellos consideren importantes.

CONSEJOS DE SEGURIDAD

- No deje que los niños recojan frutos venenosos.
- Asegúrese de que se laven las manos tras construir casitas de elfos.

- Busque helechos, ramitas, musgo, avellanas, piñas, bellotas... Mientras los niños buscan y juegan, se familiarizán más y más con los materiales naturales, y quizás empiecen a darse cuenta de los procesos interminables de crecimiento y descomposición mientras encuentran hojas que se pudren o frutos secos roídos.
- Dé a los niños tiempo para crear lo que quieran.
- Escoja un lugar al que pueda volver con facilidad. Si las casitas de elfos están en un sitio de fácil acceso, pero en el que no haya alboroto, éstas podrán proporcionar el punto de partida para algún juego en el que los niños construirán y adaptarán el complejo de un castillo o una aldea en miniatura.
- Durante una excursión, un niño con inventiva hizo unos arcos y flechas en miniatura con unas ramitas. Aunque sólo tenían unos centímetros de largo, funcionaban bien y eran lo suficientemente buenos para armar a los elfos del bosque. También había un carcaj hecho con el tallo hueco de una umbelífera.
- Intente ir a ver distintos entornos naturales para que los chicos puedan experimentar una gran variedad de materiales.
- Quizá se podría destinar un rincón del jardín a distintas versiones del juego de las casitas de elfos. Los niños pueden hacer casitas de campo para las vacaciones de sus muñecas, o un castillo fortificado para un batallón de soldaditos de juguete. Aquí tenemos una oportunidad de extender las fronteras transportando fuera de casa los juegos que se suelen jugar dentro, dando muchas más oportunidades para juegos más imaginativos que las que proporcionan los juguetes manufacturados.

ESPIAR LAS COPAS DE LOS ÁRBOLES

Puede que se dé cuenta de las cosas que hay a su alrededor a la altura del suelo o de los ojos, pero rara vez se alza la vista para ver qué es lo que sucede por encima de nuestro nivel. Durante un paseo por el bosque, el hábitat de las copas de los árboles puede pasar completamente desapercibido, aunque es un mundo habitado por pájaros, ardillas e invertebrados.

Puede que la mejor forma de mirar a las copas de los árboles sea tumbándose en algún lugar desde donde pueda observarlas. Pero existe otro método: usar un espejo para tener una panorámica del mundo que hay en las copas de los árboles mientras pasea por el bosque.

En nuestro sendero de esculturas se han colocado varios retrovisores de automóviles a bastante altura entre un círculo de árboles. Un juego muy apreciado consistía en ver quién podía descubrir más espejos: era bastante difícil, ya que quedaban camuflados por el reflejo de las copas que los rodeaban.

CÓMO ESPIAR LAS COPAS DE LOS ÁRBOLES

- Muestre a los niños cómo sostener un espejo sobre el puente de su nariz, justo por debajo de los ojos. Mirar hacia un espejo colocado de esta forma proporciona una visión perfecta de todo lo que hay por encima.
- Anime a los niños a mantener el espejo en esta posición y a que caminen lentamente, observando las formas de las ramas y los colores de las hojas.
- Pida a los niños que sujeten el espejo en distintas posiciones para así ver el mundo de distintas formas.
- Coloque algunos espejos por el suelo del bosque y anime a los niños a encontrarlos. Como alternativa, puede colocar varios espejos juntos en el suelo para que los niños puedan mirar una piscina mágica que refleja los árboles y el cielo.
- El color variado de las hojas en otoño hace que esta estación sea el momento ideal para explorar las copas de los árboles, aunque esta actividad puede disfrutarse en cualquier momento del año.

LO QUE NECESITARÁ

Espejos pequeños, como los usados para maquillarse o azulejos de espejo, que son de mayor tamaño y más difíciles de romper.

CONSEJOS DE SEGURIDAD

- Anime a los niños a caminar lentamente para evitar que tropiecen.
- Compruebe que no haya raíces ni otros obstáculos en el camino.
- Recuérdeles que usen los espejos con mucho cuidado. Retíreles los espejos tan pronto como hayan acabado.

MONTONES DE HOJAS

Los dichos populares afirman que hay un deseo esperando a aquel que agarre una hoja mientras ésta cae del árbol, dando vueltas con la brisa. Tras captar la luz del sol durante todo el verano, en otoño, las hojas de los árboles pierden su color verde al envejecer y mueren antes de caer al suelo. Es una época fantástica para caminar por el bosque, dando patadas a las crujientes hojas o usándolas para actividades en las que se les dará un buen uso.

HOJAS ESPECIALES

Los niños disfrutan buscando hojas especiales, ya sea registrando el césped en busca de los huidizos tréboles de cuatro hojas, buscando la hoja más grande que puedan encontrar (quizás para usarla como paraguas improvisado) o recogiendo las hojas otoñales más llamativas, pero... si tuvieran que tomar sólo una o dos hojas de entre los millones que hay en un bosque, ¿serían capaces de identificar sus características distintivas?

Cuando les pedimos que escogieran dos hojas especiales, las tres niñas de la fotografía superior eligieron de formas muy distintas. Una escogió una hoja amarilla y una roja porque se sintió atraída por sus vivos colores, y otra eligió dos hojas de arce porque le gustaban sus prominentes nervios rojos. La tercera niña quedó intrigada por los bultos que notó en una hoja marrón de roble. Cuando le dijeron que se trataba de agallas en forma de lentejuela (crecimientos inducidos por la presencia de la larva de una especie de avispa), escogió dos más de estas hojas, ya que no quería que se aplastaran las larvas. Cada niña tenía sus razones para su elección, y cuando las hojas se mezclaron con muchas otras no tuvieron dificultades para volver a encontrar las suyas, ya que las reconocieron de inmediato.

- Anime a los niños a buscar sólo dos hojas que les gusten especialmente.
- Cuando las hayan elegido, reúnales y pida a cada uno que explique por qué ha escogido esas hojas y no cualquier otra y qué es lo que les gusta especialmente de ellas.
- Observe las hojas de cerca, comparando y contrastando sus formas y colores. ¿Hay alguna que haya sido mordisqueada? Y, si es así, ¿qué o quién se las puede haber comido? ¿Hay algunas que tengan seres viviendo en su interior?
- Anime a los niños a examinar cada detalle de cada hoja.
- Introduzca todas las hojas en una bolsa o dispóngalas sobre una chaqueta y mézclelas. Luego extiéndalas sobre el suelo y vea si todos pueden reconocer sus hojas.

ESCONDERSE ENTRE LAS HOJAS

Tumbados sobre el suelo del bosque y observando los árboles desde un nuevo ángulo, los niños pueden sentir que se han convertido en parte del bosque.

- Anímeles a encontrar su propio espacio en el que tumbarse y luego tape sus cuerpos con hojas caídas para que parezcan mimetizarse en el suelo del bosque, de forma parecida al Hombre Verde, con su capacidad de fundirse con los árboles.
- Coloque delicadamente unas cuantas hojas sobre sus caras y deje que se queden tumbados unos minutos, formando parte del suelo del bosque y rodeados del dulce olor mohoso del otoño.
- Podría acordar una señal que hará que salten y salgan de su escondite una vez crea que ya han pasado suficiente tiempo ocultos entre las hojas. O quizás podría tratarse del juego del escondite: ¿pueden los buscadores encontrar a sus amigos entre las hojas?

JUGAR A HACER MONTONES DE HOJAS

La parte más importante de los recuerdos de la niñez de una amiga que vive en el estado de Nueva York es la recolección de hojas para formar grandes montones. Todo el mundo trabajaba en equipo para rastrillar las hojas secas y crujientes. Recuerda la emoción que sentía mientras se estiraba sobre el blando montón esperando a que la enterraran entre cientos de hojas, y de los dulces olores y los sonidos crujientes de su manta otoñal. Se trata de un juego salvaje y ruidoso, con niños que corren todos a la vez hacia el montón.

- Rastrille las hojas para formar un gran montón. Retenga a los niños para evitar que jueguen con ellas directamente: cuanto mayor sea el montón, más divertido será el juego.
- Use una manta de viaje o una tela impermeable para transportar las hojas al montón de forma más eficaz.

LO QUE NECESITARÁ

- Un par de rastrillos
- Una manta de viaje o una tela impermeable
- ¡Tiempo seco! Esta actividad sólo funcionará cuando las hojas estén secas y crujientes Las hojas húmedas y mohosas no tendrán el mismo encanto

CONSEJOS DE SEGURIDAD

- Este juego es divertido, emocionante y salvaje, y se ha de supervisar cuidadosamente, sobre todo si algunos de los niños son muy pequeños.
- Vigile a los niños que usen los rastrillos.

- Cuando el montón esté listo, deje que los niños corran hacia él y que se tiren montones de hojas los unos a los otros.
- Como alternativa, deje que los niños hagan turnos para tumbarse sobre el montón de hojas y que les lancen encima una manta de viaje llena de hojas.

MONSTRUOS DEL BOSQUE

Escondidos en el bosque suele haber todo tipo de monstruos mágicos que simplemente esperan ser descubiertos por lo que son en realidad. Oculta entre un tocón de árbol viejo y retorcido o sumergida en una pared de roca escarpada, puede haber toda una horda de criaturas extrañas y maravillosas esperando a ser liberadas por un niño observador.

Durante una visita a un bosque descubrimos a un hombre (*véase* fotografía) hecho de leña. Estaba allí, vigilando el camino, observando a todos aquellos que iban y venían. Nos preguntábamos quién lo había construido o si una bruja malvada había convertido a algún desgraciado visitante en una figura de madera...

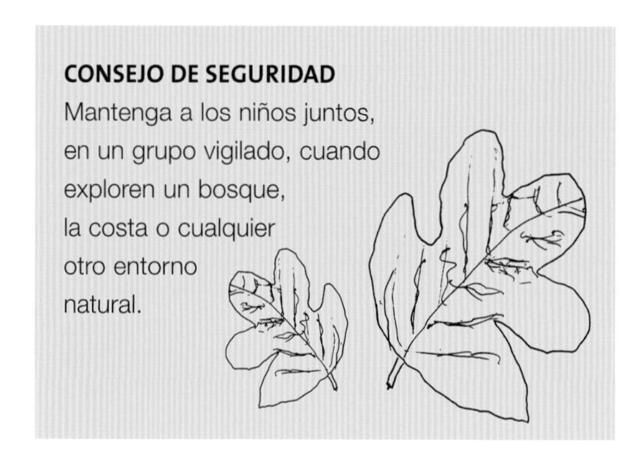

EN BUSCA DE MONSTRUOS

Este juego se presta a contar cuentos y ficciones. Quizás podría empezar con una historia similar a la siguiente:

«Hace mucho, mucho tiempo, un grupo de monstruos vivía en lo más profundo del bosque. Aunque tenían un aspecto amedrentador, no eran unos monstruos malos y vivían su vida entre los árboles, alimentándose de frutos secos y cuidando del bosque y de todos los que allí vivían. Pero un día, una vieja bruja malvada llegó. Era una bruja egoísta y codiciosa que decidió que le gustaba tanto ese bosque que lo quería todo para ella. La perversa bruja ignoró los ruegos de los monstruos y lanzó un hechizo que hizo que se fundieran con las rocas, los árboles y la tierra del bosque. Parecía que estaban destinados a permanecer ocultos para siempre. La bruja fue a otros lugares, olvidándose de este maravilloso bosque y de sus monstruos cautivos. Pero quizás podáis ayudarles, ya que los rumores dicen que los niños con ojos de lince pueden liberar a los amistosos monstruos, simplemente encontrándolos y reconociéndolos tal y como son en realidad...»

- Anime a los niños a buscar a los monstruos. Si observan los tocones de los árboles, las raíces que sobresalen o los troncos retorcidos puede que vean algo que se parezca a un ojo, una boca, un cuerno o una garra.
- Añadiendo algo de hierba, o musgo, o frutos secos o ramitas, los niños pueden sacar a la luz a estos seres mágicos. Quizás cada uno quiera hacer sus propios monstruos o puede que quieran trabajar en equipo para crear un monstruo grande, quizás a partir de un tronco de un árbol caído.
- Una vez sacados a la luz, los monstruos pueden dejarse allí para que otros los descubran, y quizás para jugar con ellos y ser mejorados en futuras expediciones.
- Se puede jugar a este juego en otros momentos del año y en muchos entornos distintos. Inténtelo en una zona rocosa menos arbolada o incluso en la costa, donde se pueden encontrar monstruos escondidos entre los cantos rodados o bajo la arena.

CORONAS LLENAS DE COLOR

Celebramos los colores del otoño, en una arboleda cercana, haciendo coronas y sombreros con una maravillosa variedad de hojas caídas y semillas. Nuestros hijos, de entre cuatro y quince años, se unieron a esta fiesta de elaboración de sombreros, explorando el suelo en busca de bayas y hojas coloridas, además de piñas, castañas o cualquier otra cosa. En un claro en el bosque, los niños trabajaron juntos para crear un llamativo surtido de sombreros. Se les unió otra familia, que había salido a disfrutar de los colores otoñales y cuyos dos niños pequeños quedaron encantados elaborando un recuerdo de su paseo.

LO QUE NECESITARÁ

- Cartón fino (como el de las cajas de cereales de desayuno) cortado en tiras de unos 5-6 x 50 cm con cinta adhesiva de doble cara unida a lo largo de uno de los lados de las tiras
- Grapadora
- Más cinta adhesiva de doble cara
- Perforador

CONSEJOS DE SEGURIDAD

- Asegúrese de que los niños que recolecten materiales naturales no recojan bayas venenosas ni provoquen daños a las plantas.
- Es necesario que los adultos vigilen a los niños cuando usen agujas o grapadoras.
- Mantenga las velas alejadas del follaje.

LA ELABORACIÓN DE LAS CORONAS

- Escoja materiales naturales, como hojas, agujas de pino y semillas.
- Dé a cada niño una tira de cartón ya preparada y retire la capa externa de la cinta adhesiva de doble cara para que la superficie adhesiva quede expuesta.
- Anime a los niños a escoger cualquier cosa que les guste entre los materiales recolectados para pegar a su tira de cartón.
- Use la grapadora o algo más de cinta adhesiva para cualquier objeto que no quede bien pegado a la cinta adhesiva. Puede usar el perforador para hacer agujeros en los que entretejerá los tallos.
- Pruebe a practicar esta actividad en un parque, un bosque o un jardín donde haya una selección razonable de distintas hojas y semillas. Este juego es ideal para una fiesta de cumpleaños fuera de casa (*véase* «Fiestas fuera de casa», pág. 164).

LA CREACIÓN DE OTRAS PRENDAS

Collares y brazaletes Intente elaborarlos enhebrando, en lana o rafia, y con una aguja para tapices, hojas coloridas y semillas especialmente escogidas.

Broches Pueden elaborarse con trozos de cartón de menor tamaño. Pegue una hoja colorida a la cinta adhesiva de doble cara y grape luego hojas de colores que contrasten encima. Una un imperdible a la parte posterior del cartón con un trozo de cinta.

Máscaras Decore plantillas de cartón con hojas coloridas para elaborar máscaras para fiestas.

Capas Intente elaborar una capa representativa de esta estación enhebrando hojas en la malla de una red de jardinería o uniéndola a un trozo de tela vieja. (Para obtener más detalles, *véanse* las instrucciones para elaborar una capa de camuflaje, págs. 56-58.)

EL INVIERNO

APROVECHAR EL INVIERNO AL MÁXIMO

Mañanas gélidas, cielos grises interminables, niebla y vientos cortantes: no hay duda de por qué el reconfortante calor del hogar tienta a muchos a quedarse en casa durante los oscuros meses invernales. Aun así, esta estación de hibernación y reposo es una época estimulante para salir al exterior, y algunas de las experiencias más memorables vividas fuera de casa le esperan en este maravilloso mundo invernal.

¡Hay tanto que ver y disfrutar en invierno! A los niños pequeños les encanta desplazarse entre la escarcha, echar humo por la boca en el frío aire, o caminar entre la lluvia envueltos de pies a cabeza en sus impermeables. Los niños de más edad pueden disfrutar inclinando su cuerpo contra la fuerza de un ventarrón, huyendo de las olas en una playa desierta o trepando por árboles sin hojas para espiar a los adultos. Los observadores más silenciosos y atentos puede que encuentren bandadas de aves pasando el invierno o que descubran las últimas inflorescencias con semillas del otoño rodeadas de escarcha. Un paseo invernal puede ser una época de gran compañerismo, además de una oportunidad para ser testigo del proceso de cambio mientras el año avanza hacia la primavera. No se quede encerrado en casa: abríguese bien y salga fuera, dispuesto a aceptar lo que los elementos le ofrezcan.

El invierno es tanto un final como un comienzo, ya que en esta época del año de «muerte», los niños con buena vista pueden encontrar todo tipo de signos y pistas de que la naturaleza está esperando, muy pacientemente, volver a la vida ante el primer signo de la primavera. En invierno, el día queda empequeñecido por la noche y todos los seres vivos deben dar con alguna manera de vencer al frío y la oscuridad y sobrevivir. Los árboles y los arbustos caducifolios pierden las hojas, mientras que muchas plantas de menor tamaño se secan por completo, manteniéndose bajo tierra en forma de rizomas o bulbos, o pasando el invierno en forma de semillas. Las hojas cerosas y las agujas de las plantas perennes pueden resistir la crudeza del invierno y algunas plantas hasta parecen medrar entre el frío y la humedad invernal, como el musgo, con su color verde vibrante, que recubre los troncos podridos.

Muchos animales salvajes sobreviven al invierno reduciendo su nivel de actividad. Algunos, simplemente, reducen un poco su metabolismo, descansando durante los días y noches más fríos. Algunas especies sufren una verdadera hibernación, que es un mecanismo de supervivencia drástico que provoca que la temperatura corporal descienda tanto que la vida pende de un hilo. Nunca se debería molestar a un animal en hibernación. Su capacidad de resistir el invierno depende de que haya

acumulado suficientes reservas de grasa, y despertarle de su estado de adormecimiento hace que consuma una energía valiosísima. La mayoría de los insectos pasan el invierno en forma de huevos o crisálidas, pero algunos logran sobrevivir en forma de adultos. Las mariquitas, los hemeróbidos y crisópidos (insectos beneficiosos con antenas largas y alas que recuerdan a la gasa y que se alimentan de ácaros y pulgones) y las arañas se ocultan en el interior de tallos huecos o de grietas en la corteza de la madera.

Las aves disponen de diversas de estrategias para la supervivencia. En invierno, la mayoría de las especies insectívoras vuelan a países tropicales, donde el calor constante les asegura un abundante suministro de insectos durante todo el año. Las aves que se quedan deben buscar su alimento con mucho más esfuerzo. Sin embargo, algunas especies pueden emigrar a latitudes más templadas desde la tundra, y pasar así el invierno en un lugar en el que por lo menos puedan encontrar bayas en los árboles. Intente ir a ver los humedales costeros para observar a cientos de zancudas y patos alimentándose en los terrenos fangosos y los arenales.

PREPARADOS PARA EL INVIERNO

No hay nada llamado mal tiempo, sino prendas equivocadas. Es especialmente importante estar bien pertrechado para las excursiones invernales, ya que los niños con frío y mojados se desanimarán pronto. Pero si van bien tapados, incluso los más pequeños disfrutarán.

Calzado Los niños deberían llevar botas de agua o botas de montaña resistentes, además de dos pares de calcetines de su talla para que les proporcionen más calor. Si llevan botas de agua por la nieve, asegúrese de que queden bien cerradas para evitar que ésta se cuele.

Prendas de abrigo Varias capas finas abrigan más que una gruesa y permiten que los niños que corretean puedan quitarse una de las capas sin resfriarse. Es buena idea que lleven unos leotardos debajo de los pantalones, al igual que una camiseta sin mangas y una de manga larga bajo un jersey de lana y una chaqueta.

Prendas impermeables Ya venga el viento, la lluvia o la nieve, un conjunto decente de prendas impermeables les protegerá de cualquier fenómeno climático.

Guantes/mitones Los niños pequeños se sentirán muy mal si tienen las manos frías, aunque si tienen la oportunidad, querrán jugar con el hielo y la nieve. Los guantes deberían ser cálidos e impermeables.

Gorros Los niños siempre deberían llevar gorro si hace frío: lo ideal, un pasamontañas o un gorro con orejeras.

Comida Incluso durante una salida breve, algunos suministros proporcionarán una diversión útil. Guarde en su mochila algo que dé calor: un termo con sopa, e incluya algo de chocolate y de frutos secos.

AVENTURAS GÉLIDAS

Los niños se sienten engañados si el invierno pasa sin por lo menos una nevada y varios días gélidos, en los que todos los charcos se hielan y cada brizna de hierba queda cubierta de escarcha. Los paseos invernales en días gélidos son más gratificantes por caminos con surcos, en los que los niños querrán deslizarse y saltar sobre los charcos helados, para luego agarrar los trozos de hielo y romperlos en cientos de fragmentos brillantes. Aunque siempre deben evitarse las aguas profundas de los ríos y los estanques, los charcos de los caminos o los campos pueden proporcionar unas láminas de hielo seguras con las que disfrutar.

Las excursiones con niños muy pequeños al hielo y la nieve deberían ser breves. Déjeles disfrutar un poco del invierno antes de volver al cálido hogar.

JUGAR CON EL HIELO

El agua de inundación helada en un campo proporciona una pista de patinaje natural: un lugar en el que deslizarse y disfrutar de horas de diversión. Aquí les ofrecemos algunas sugerencias de juegos con el hielo.

Hockey sobre hielo Hágase con unos palos largos y con un canto rodado o un trozo de hielo que haga las veces de pastilla, y así conseguirá un *hockey* sobre hielo casero.

Curling Juegue a su propia versión del *curling* lanzando trozos de hielo o, mejor todavía, cantos rodados para que se deslicen por una pista de hielo. ¿Quién será el que hará que su canto rodado llegue más lejos?

Bolos sobre hielo Lance, haciendo que se deslicen, trozos de hielo para derribar un objetivo, como, por ejemplo, un palo o un montón de piedras equilibrado cuidadosamente.

Ventanas de hielo Una fina lámina de hielo es como una ventana natural a través de la cual observar el mundo invernal. Los niños pueden ver quién es el que agarra la lámina de hielo más grande sin romperla, o pueden intentar colocar una gran lámina de lado para crear una gran ventana. Durante una excursión invernal, colgamos varias ventanas de hielo de las ramas de un árbol, creando una escultura espectacular. Nos preguntamos si todo seguiría en su sitio al día siguiente, pero no tuvimos la oportunidad de averiguarlo, ya que los niños decidieron usar el hielo como diana, y pronto quedó reducido a añicos.

Deslizarse en trineo por el hielo Si sus hijos tienen el trineo preparado, esperando ansiosos esa nevada que no llega, quizás deberían probar las emociones que se experimentan al deslizarse en trineo sobre el hielo. Durante una excursión familiar en la que hacía un frío terrible, los niños se preguntaban por qué papá se había molestado en llevar el trineo cuando no había ni un solo copo de nieve en el suelo. Lo averiguaron cuando alcanzaron la cumbre de una pendiente empinada y se desli-

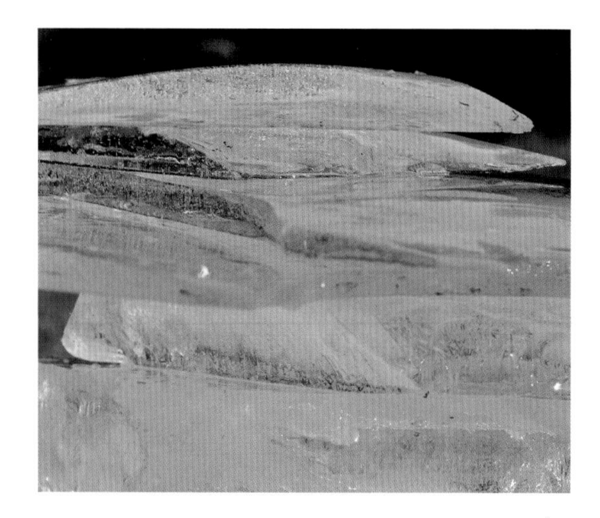

zaron por el suelo helado. Llegaron a la parte inferior lanzando gritos de alegría. Esta actividad es rápida y estimulante, y sólo puede llevarse a cabo cuando el terreno está helado y duro como una piedra. Vigile a los niños de cerca, ya que el suelo helado no perdona.

CONSTRUIR CON HIELO

Mojones y montones de hielo Intente construir un montón de hielo apilando láminas unas encima de las otras. Puede que los niños hasta logren crear un arco formando dos montones de hielo, el uno al lado del otro e inclinándolos, lenta y cuidadosamente, el uno hacia el otro. Como alternativa, intente apilar trozos de hielo para formar un mojón.

Castillos de hielo Inspirados por el descubrimiento, en invierno, de un riachuelo en el que cada ramita estaba recubierta de una fina capa de hielo transparente, unos niños que estaban de vacaciones decidieron construir un castillo mágico adecuado para una reina del hielo. Usando una pila de rocas sobre una ribera herbácea como punto de partida, añadieron trozos de hielo y ramitas recubiertas de hielo para crear un fortín reluciente.

Monstruos de hielo Varios niños pueden trabajar juntos para dar forma a un monstruo de hielo que repte por el paisaje helado. Intente usar los trozos de hielo de distintas maneras para crear dinosaurios, dragones u otros monstruos.

Dibujos de hielo Tras haber roto todo el hielo de un charco congelado, Jake decidió recoger los trozos y darles un buen uso: creó en ellos un *collage* de un hombre de hielo. El hielo puede usarse para hacer todo tipo de dibujos en el suelo, sobre los tocones de los árboles o sobre rocas.

Creaciones con carámbanos El descubrimiento de carámbanos suele verse acompañado de una gran alegría: están pidiendo que los arranquemos y que juguemos con ellos. Se puede clavar un carámbano en el suelo para hacer una torre de un castillo de hielo o usarlo como si fuera el cuerno de un unicornio en un juego imaginario. Los que quieran un reto verdaderamente creativo podrían intentar enhebrar juntos varios carámbanos para crear un móvil, o unir los carámbanos a hielo o a una roca dejando que un extremo se derrita un poco, con la ayuda de nuestra mano caliente, y luego permitir que el carámbano vuelva a congelarse sobre la superficie.

CONSEJOS DE SEGURIDAD

- Manténgase siempre alejado del hielo que se haya formado sobre aguas profundas.
- Asegúrese de que los niños vayan bien abrigados y de que lleven guantes cuando manipulen hielo.
- Tenga cuidado con los carámbanos afilados.
- Tenga cuidado con el hielo muy resbaladizo.

MÓVILES DE HIELO

Durante un paseo un día de invierno, un niño curioso vio hojas caídas y semillas atrapadas entre las láminas de hielo que se habían formado en los charcos del camino. Rompió un trozo del hielo que rodeaba a una hoja y la sostuvo contra la luz para apreciar un hermoso efecto como el del vidrio tintado.

Inspirada por este descubrimiento, la familia volvió a casa para intentar hacer unos móviles helados y colgarlos en el exterior de la ventana de la cocina. Vieron que encerrando materiales naturales como bayas y semillas en el hielo hacían que se vieran de forma inusual. La familia disfrutó observando cómo se derretían los móviles.

LA ELABORACIÓN DE LOS MÓVILES

Para esta actividad invernal es necesaria una ola de mucho frío. Construya los móviles durante una noche en la que se prevean heladas.

- Pida a cada uno de los niños que escoja algunas cosas favoritas de su colección de materiales naturales.
- Disponga los objetos escogidos en el interior de moldes para hacer pastas colocados en platos o cuencos de plástico, o colóquelos en tapas de botes de mermelada a las que habrá dado la vuelta.
- Coloque los recipientes en fila en una bandeja.
- Disponga un trozo de cuerda a lo largo de los recipientes, uniéndolos. La cuerda debe entrar bien en cada molde o tapa de tarro de mermelada para asegurarse de que quedará congelada y unida al móvil.
- Vierta agua en cada recipiente, asegurándose de que todos los materiales se empapen bien.
- Si la temperatura exterior está por debajo del punto de congelación, coloque la bandeja en un lugar donde no se pueda tocar.
- Si la temperatura exterior está por encima del punto de congelación, siempre puede meterla en el congelador.
- Cuando los móviles se hayan congelado, retire los discos congelados cuidadosamente de sus recipientes. Quizás necesite usar un poco de agua caliente para que el hielo se desprenda y así poder extraer las formas de los cortadores de masa.
- Cuelgue los móviles en una ventana o un árbol del jardín y disfrute de ellos tanto como dure el frío.

LO QUE NECESITARÁ

- Los materiales propios de la estación recolectados durante un paseo invernal: hojas y agujas de árboles perennes, bayas y semillas, o quizás algunos amentos o campanillas de invierno de la primavera siguiente
- Varias cacerolas, cuencos de plástico o tapas de botes de mermelada
- Moldes para hacer pastas de varias formas
- Una bandeja
- Cuerda
- Un congelador (en caso de que no haga suficiente frío en el exterior)

ESCULTURAS CON NIEVE

La primera nevada de la temporada siempre es recibida con gran alegría. Si la nieve llega mientras los niños están en la escuela, puede que hasta los maestros dejen de dar clase. Los ojos de los niños quedarán fijos en las ventanas mientras intentan ver si los copos, que giran, cuajan o se funden. Se morirán de ganas por salir a la nieve, por ser los primeros que dejen sus huellas en la blancura prístina, para hacer muñecos de nieve o deslizarse, ladera abajo, en un trineo o sobre una bolsa de plástico. Pero la nieve también nos ofrece otras oportunidades, como la de espiar las actividades de los animales salvajes y de las aves, que dejan huellas, o la de intentar modelar la nieve para formar esculturas raras y maravillosas.

Incluso un largo paseo a través de la nieve supone toda una aventura. Un día memorable, varias familias se reunieron conmigo para dar un largo paseo tras una nevada reciente. Los niños hicieron esculturas de hielo, saltaron sobre montones de nieve, usaron sus manos y hasta la cara para dejar huellas y se tumbaron de espaldas y agitaron los brazos en la nieve para crear ángeles de nieve. Intente salir después de que haya oscurecido y deje que los niños corran por un paisaje cubierto de nieve poco iluminado.

CRIATURAS DE NIEVE

¿Por qué todos hacen muñecos u hombres de nieve? ¿Por qué no hacen mujeres o niños, o hasta animales de nieve? Con un poco de imaginación, se puede crear todo tipo de criaturas con nieve, usando materiales naturales como ramitas, piedras, hojas y carámbanos para añadir los detalles definitorios.

Mi hijo y su amigo quedaron muy decepcionados cuando la primera, y quizás la única, nevada del año resultó ser demasiado fina y pulverulenta como para hacer buenas bolas de nieve. No se desanimaron y pronto le encontraron otra utilidad. Se divirtieron mucho trabajando juntos para crear un ratón y un erizo de nieve (*véase* fotografía derecha) en un parque cercano. Siguiendo su ejemplo, dos niñas pequeñas usaron un par de cuernas que habían encontrado en un rincón del garaje para transformar un montón de nieve del jardín en un reno.

Una forma alternativa de crear criaturas de nieve y otras esculturas consiste en usar nieve compactada, que es un material más firme y mucho más adecuado para esculpir. Consiga nieve compactada apretándola en un recipiente de plástico para así formar un ladrillo que extraerá y que estará listo para ser esculpido. Anime a los niños a usar las palas de playa, los desplantadores del jardín o hasta las cucharas para esculpir castillos, formas geométricas o cualquier otra cosa que tengan la inspiración de crear.

REFUGIOS DE NIEVE

Los iglús resultan fascinantes para los niños, que querrán saber cómo se construyen y cómo puede alguien mantenerse caliente en su interior. Si se produce una gran nevada, disfrutarán intentando construir su iglú o su refugio de nieve. Los niños de Jo construyeron un refugio con ladrillos de nieve comprimidos en el interior de una caja de plástico. Hicieron tres muros con los ladrillos, dejando un par de huecos a modo de ventanas, y luego usaron una lámina de madera contrachapada como tejado. Aunque el refugio, una vez acabado, no era un lugar especialmente acogedor, su planificación y construcción supusieron un reto agradable. Al visitar el refugio una vez había oscurecido, los niños vieron que alguien había dejado una vela encendida en su interior, lo que hacía que el lugar pareciera más acogedor y daba una idea de lo cómodo que podía resultar un iglú.

BOLAS DE NIEVE GIGANTES

Hay algo que produce una enorme satisfacción en el mero hecho de hacer rodar una bolita de nieve sin cesar por el suelo cubierto de nieve y viendo cómo se va haciendo cada vez más grande, hasta que alcanza un tamaño tal que resulta difícil seguir empujándola. Las bolas de nieve gigantes pueden usarse de formas muy diversas.

- Intente esculpirlas con las manos o una pala de playa para crear un muñeco o un animal de nieve.
- Varias bolas de nieve juntas formando un círculo pueden usarse para hacer un refugio.
- Los niños pueden decorar las bolas de nieve, cubriéndolas de materiales naturales como barro, hojas o ramitas, para así crear esculturas naturales.
- A medida que haga rodar la bola de nieve, dejará detrás un rastro con hierba en la nieve. Si los niños planean por dónde harán rodar la bola, pueden crear un dibujo en el que la hierba expuesta contrastará con la nieve.

TIRAR DE LA SOGA EN LA NIEVE

Para un juego distinto, intente construir un muro de nieve en un espacio abierto, con una soga que discurra en medio del muro. Si un equipo tira de la soga a cada lado del muro, uno de los grupos acabará estrellándose en la blanda barrera de nieve.

CONSEJOS DE SEGURIDAD

- Asegúrese de que los niños estén bien abrigados, calientes y de que lleven guantes cuando jueguen en la nieve.
- Tenga cuidado con el hielo resbaladizo.

Irse a casa

Camino correcto

Camino equivocado

SEGUIR UN RASTRO

Muchos caminantes poco voluntariosos se han animado al tener que buscar signos que seguir: ya sean las señales o flechas de un sendero permanente, huellas de ciervos o una sucesión hechas con ramitas colocadas en el suelo. El juego de seguir un rastro o de las pistas es como el juego del escondite, pero diferente, en el que los emocionados niños buscan un rastro dejado por sus amigos, mientras intentan descubrir dónde se han escondido.

Esta actividad era muy popular en unas colonias infantiles que se celebraban en un parque campestre situado en un bosque. Grupos de hasta treinta niños eran divididos en dos equipos (pioneros y rastreadores), cada uno acompañado por dos adultos. Los pioneros salían disparados para dejar un rastro por el bosque, escogiendo una ruta compleja y dejando rastros falsos de vez en cuando. Una vez habían hallado un buen escondite, se ocultaban tan silenciosamente como podían. Los rastreadores tenían entonces que poner a prueba sus capacidades de observación, buscando las flechas y cualquier otra pista que pudiera conducirles hacia sus «presas». Una vez encontrados los pioneros, los equipos intercambiaban sus papeles.

JUGAR AL JUEGO DE SEGUIR EL RASTRO

Este juego puede practicarse con cualquier número de niños, y es una forma excelente de hacer que los paseos familiares resulten más emocionantes. Debería jugarse en el bosque, el monte bajo o quizás en un parque: en cualquier lugar con una cantidad razonable de vegetación para poder ocultarse y una buena red de senderos que seguir.

Pida a los niños que den forma a materiales naturales (como palos, hierba, piedras, tiza o cualquier otra cosa que puedan encontrar), para crear una serie de flechas y disponerlas en el suelo. Quizás quiera acordar un código de rastros, para que todos puedan seguirlos. Este código debería incluir las siguientes señales:

Flecha Indica qué dirección se debe seguir.

Cruz Indica la vía muerta de un camino equivocado.

Triángulo Indica que el rastro podría encontrarse entre dos posibles caminos.

Flecha colocada sobre un palo Indica que los rastreadores deberán superar un obstáculo en el camino (como, por ejemplo, un árbol caído).

Flecha con dos cabezas Indica que el equipo de pioneros se ha dividido.

- Pida a los pioneros que se adelanten para ir dejando su rastro y que continúen hasta que encuentren un lugar adecuado para ocultarse, donde se quedarán quietos

Equipo dividido

Girar a la izquierda
o a la derecha

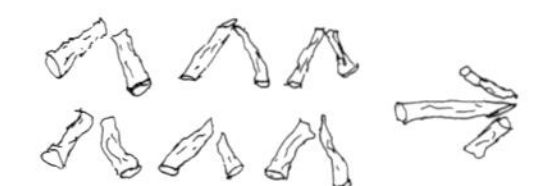

Agua en esa dirección

a la espera de los rastreadores. Deben dejar un rastro claro lleno de flechas, especialmente en los puntos complicados en los que confluyan varios senderos o donde el camino presente mucha maleza.

- Los rastreadores deberían esperar un tiempo prudencial de entre diez y quince minutos antes de salir a buscar a los pioneros. Esto debería dar tiempo suficiente a los pioneros para tomar una buena ventaja. Los rastreadores los seguirán entonces hasta encontrarlos.
- Una vez que los pioneros hayan sido capturados, los equipos deberían intercambiar sus papeles.

Sendero de harina Durante una fiesta de unos niños en el exterior, uno de los adultos se adelantó dentro del bosque, donde espolvoreó harina por el suelo y la lanzó a los árboles para dejar un rastro claro y biodegradable que todos pudieran seguir. Diez emocionadas criaturas empezaron a perseguir a su «presa», siguiendo el rastro hasta que la descubrieron escondida tras los arbustos. (No emplee materiales no biodegradables para marcar senderos si luego no los puede recoger.)

CONSEJOS DE SEGURIDAD

- Asegúrese de que cada grupo de niños vaya acompañado por lo menos por un adulto.
- Siga sólo caminos públicos.
- Al jugar a juegos de rastreo con muchos niños, anímeles a ir en parejas y a que permanezcan con su pareja todo el tiempo.
- Los *walkie-talkies* pueden ser de utilidad, ya que permiten que los equipos contacten entre sí en caso necesario.

El rastreo de un tesoro En lugar de haber dos equipos de niños, un adulto podría adelantarse y dejar su rastro en el camino, donde podría esconder algún «tesoro». Esta actividad puede organizarse antes de una excursión, y elegir la ruta de modo que coincida con un paseo ya planeado o llevar a los niños por una ruta en círculo, de modo que acaben cerca de donde empezaron. Esta versión del rastreo por la naturaleza es mejor para los niños más pequeños, ya que los de más edad disfrutan de la emoción y la libertad de realizar su propia ruta.

BANDERAS

El furioso viento invernal es ruidoso, frío y hasta un poco amedrentador mientras sopla y ruge al pasar entre los árboles, arrancando hojas y ramas. Aun así, los niños encuentran emocionante y estimulante correr a lo largo de la cima de una colina mientras el viento ensordece el sonido de sus emocionados gritos, abalanzarse contra el viento y notar cómo su fuerza sostiene sus cuerpos, o caminar por el bosque escuchando cómo el viento azota a los árboles. Un paseo durante un día agreste y ventoso puede ser una gran experiencia para toda la familia, siempre que todos vayan bien abrigados.

Aunque hacer volar una cometa es sinónimo de días ventosos, los niños pequeños no pueden ejercer ningún tipo de control sobre ellas. Las banderas que ondean al viento son una alternativa más adecuada para ellos, ya que permiten que el ruido y el movimiento del viento sean mucho más inmediatos. Las banderas de esta página fueron elaboradas por niños deseosos de vivir una aventura con viento. Disfrutaron con las banderas durante las semanas siguientes, usándolas en juegos de invasiones en los que había que capturar las banderas y para reafirmar la propiedad de sus campamentos. Esta sencilla actividad atrae a niños de muy variadas edades, pero es especialmente buena para los más pequeños, ya que las banderas son fáciles de controlar.

LA CREACIÓN DE LAS BANDERAS

Estas banderas se elaboraron en casa con tela de algodón de colores. También se puede usar papel, aunque resulta menos adecuado para los días ventosos.

- Deje que los niños escojan el tejido y ayúdeles a cortarlo en formas triangulares alargadas. Cuanto más larga sea la cola de la bandera, más podrán los niños ver y sentir el viento.
- Una la tela a los palos con una grapadora, aguja e hilo o una pistola de pegamento caliente (sólo deben usarla los adultos).
- Decore la bandera con retales de tela o coloréela con rotuladores o pintura.
- Salga a cualquier terreno abierto amplio, preferiblemente a una ladera en la que los niños puedan disfrutar del viento a cierta altitud. Déjeles correr, marchar o bailar con sus banderas ondeando por detrás.
- Los que quieran crear una bandera más espectacular pueden hacer un dibujo en un trozo de tela vieja de algodón y colorearlo con pinturas de vivos colores. La bandera puede montarse sobre un palo largo al que se le haya retirado la corteza. A continuación, y con sus banderas en ristre, los niños podrán salir a vivir una aventura para descubrir y reclamar como suyo algún territorio ignoto...

LO QUE NECESITARÁ

- Unos palos resistentes de alrededor de 1 m de longitud, con los extremos redondeados
- Trozos de algodón o papel y de vivos colores
- Una grapadora o aguja e hilo o una pistola de pegamento caliente
- Retales de tela y rotuladores o pintura

INVASIÓN Y CAPTURA DE LAS BANDERAS

Los niños de más edad pueden usar sus banderas para un juego de invasión y captura de los estandartes.

- Encuentre un espacio amplio y divida a los niños en dos equipos.
- Cada equipo debera escoger una zona que será su campamento base.
- Los equipos deberan usar una bandera grande para marcar su campamento base. (Si lo desean, también pueden disponer de algunas banderas pequeñas.)
- Los miembros del equipo intentarán robar la bandera del campamento del otro equipo, pero también deben vigilar su propia base.
- El equipo ganador será el primero que capture la bandera del equipo contrario. (Debe haber un árbitro.)

DECORACIONES NATURALES

Se dice que el reformador alemán Martín Lutero creó el primer verdadero árbol de Navidad tras ver que las estrellas parpadeaban a través de las ramas de un abeto. Inspirado por la combinación de las luces y la vegetación, se llevó un árbol al interior de su hogar y lo decoró con velas. Por todo el mundo se cultivan coníferas y se introducen en casa para adornarse en Navidad, y también se vuelve cada vez más popular festonear los árboles del jardín con tiras de luces.

La Navidad es un momento emocionante y mágico esperado con ilusión por los niños, pero también es una época de consumo desmedido y de derroche. Cada año aparecen en las revistas hogares muy bien decorados, y las tiendas están repletas de adornos y bombillas de colorines, que nos animan a salir y comprar lo más novedoso. No obstante, y a pesar de la presión para comprar adornos prefabricados, el uso de plantas como el acebo y la hiedra sigue siendo popular. Cuando otras plantas están muertas o en estado de latencia, las perennes proporcionan un potente símbolo de continuidad.

Se pueden usar muchos materiales naturales para elaborar decoraciones para un festival invernal. Las bolas, las guirnaldas, los ángeles y los candelabros son sólo algunos de los adornos que pueden crear los niños. Úselos para ornar un tradicional árbol de Navidad o uno de sus árboles o arbustos favoritos del jardín, o intente atarlos a una ventana.

LA ELABORACIÓN DE ESTRELLAS

Estrellas de ramitas Las sencillas estrellas de cinco puntas de la fotografía de la izquierda están elaboradas con una ramita larga y sin hojas.

- Doble una ramita flexible por cuatro puntos para obtener cinco trozos de la misma longitud.
- Pliegue cada uno para crear una estrella de cinco puntas.
- Una los dos bordes sueltos con alambre fino.

LO QUE NECESITARÁ

- Empiece recolectando materiales naturales durante el otoño y guárdelos en un lugar fresco y seco hasta principios de invierno. Entre los materiales debe haber: ramitas; las cápsulas con semillas de las amapolas; semillas de árboles, como las bellotas, los hayucos o las semillas de sicomoro; las piñas de abeto y de pino; manzanas silvestres; escaramujo; bayas de acebo y espino albar; partes verdes de hiedra, acebo y otros árboles perennes; muérdago y plumas
- Entre los materiales no naturales podemos incluir el alambre; tarros de vidrio y farolillos; rafia o cuerda; cintas; aerosol de color dorado o plateado brillante
- Tijeras o cizalla
- Pegamento

- Decore la estrella con un aerosol dorado o plateado o enrolle un trozo de cinta o de hiedra a su alrededor.
- Use las estrellas para decorar un árbol de Navidad o átelas a unas ramitas para elaborar móviles.

Colores naturales Las ramitas pueden variar considerablemente con respecto a su color: desde el amarillo del sauce al gris del fresno y al rojo intenso del corno. Quitar la corteza a una ramita nos revelará la madera, que tendrá un color contrastante. Puede usar estas variaciones naturales de color para crear un amplio surtido de estrellas distintas, y puede experimentar con ramitas de árboles y arbustos cortados en el jardín.

Estrellas de palos Si no puede encontrar ramitas flexibles o le resulta un poco difícil hacer las estrellas de ramitas, intente disponer cinco palos de una longitud y grosor similares en forma de estrella y únalos entre sí.

FAROLILLOS NAVIDEÑOS

Los tarros de vidrio decorados con materiales naturales suponen unos candelabros curiosos para estas celebraciones.

- Enrolle algo de alambre alrededor de la parte superior de un tarro, dejándolo fijo en su sitio justo por debajo del borde. A continuación, una otro trozo de alambre a la parte superior del tarro para formar un asa.
- Decore los tarros con semillas, hiedra, muérdago, acebo u otros materiales naturales.
- Coloque una lamparilla en cada tarro y cuelgue los farolillos navideños de una rama en el exterior o colóquelos sobre una superficie plana dentro de casa.

ÁNGEL DE LUNARIA

La lunaria o moneda del Papa, con sus flores de color púrpura, crece en muchos jardines, pero también puede aparecer en eriales y en los márgenes de las carreteras. Sus vainas con semillas redondas y semitransparentes se usaron para elaborar el ángel que aparece en la fotografía de la página siguiente.

- Elabore un triángulo doblando una ramita por dos sitios y uniendo los extremos con alambre.
- Fije una cápsula con semillas de una amapola a la parte superior del triángulo.
- Una las semillas de lunaria con pegamento para hacer el traje del ángel y únalo al triángulo de ramitas.
- Disponga más semillas de lunaria para formar las alas y péguelas a un palito. A continuación, pegue este palito a la parte superior del triángulo, justo por debajo de la cápsula de la amapola.
- Se puede hacer una aureola con un trozo de lunaria y unirla con un trozo de alambre muy fino.

DECORACIONES CON SEMILLAS

Las semillas, las bayas y las piñas de distintas formas y colores proporcionan las materias primas ideales para elaborar todo un surtido de decoraciones que se han fotografiado para este capítulo y entre las que se incluyen:

Aros de semillas y bayas Recolecte distintas semillas y bayas de los setos vivos y el jardín y enhébrelas o péguelas con pegamento. A continuación, doble el alambre con cuidado para darle la forma de un aro.

Espiral de bayas Puede enrollar alambre más grueso alrededor de un palo de escoba para formar una espiral y, a continuación, enhebrar las bayas en él.

Adornos con bayas Los puede elaborar enhebrando distintas combinaciones de bayas o semillas en trozos de hilo.

Animales misteriosos Vea qué seres raros y maravillosos pueden crear los niños con semillas, bayas, piñas, partes verdes de las plantas y algo de aerosol plateado y dorado.

LA DECORACIÓN DE ÁRBOLES

Las decoraciones caseras tienen un aspecto festivo en un árbol de Navidad que se tenga dentro de casa, pero también pueden usarse de otras formas.

Árbol de Navidad africano Durante unas vacaciones con unos amigos en Botsuana a principios de invierno, mis hijos se dieron cuenta de unos extraños árboles de Navidad. Ramas y ramitas desnudas estaban dispuestas cuidadosamente en macetas y estaban adornadas con una mezcla de decoraciones tradicionales y materiales naturales como inflorescencias o cápsulas con semillas y flores secas. Si cualquier árbol o arbusto del jardín debe podarse en invierno, guarde algunas ramas para llevarlas a casa y crear su propia versión de un árbol de Navidad africano, usando tantos adornos y materiales naturales, como piñas y semillas, como sea posible.

Adornos para los árboles Existen costumbres antiguas con su origen en diversas partes del mundo en las que la gente celebra el valor medioambiental y cultural de los árboles adornándolos con cintas, luces y cualquier otro adorno que pueda llamar la atención hacia ellos. Los árboles pueden adornarse en distintos momentos del año: a finales de otoño, por ejemplo, para celebrar la recolección de la cosecha; o durante el solsticio de invierno, como anticipación del renacimiento de la primavera siguiente. Podrían usarse decoraciones naturales caseras junto con algunas cintas para adornar uno de sus árboles favoritos en el jardín o un árbol de un camino local.

CONSEJOS DE SEGURIDAD

- Los niños siempre deberían estar vigilados cuando estén cerca de velas.
- Mantenga las velas alejadas del follaje.

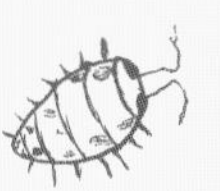

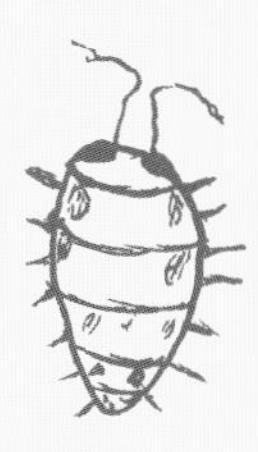

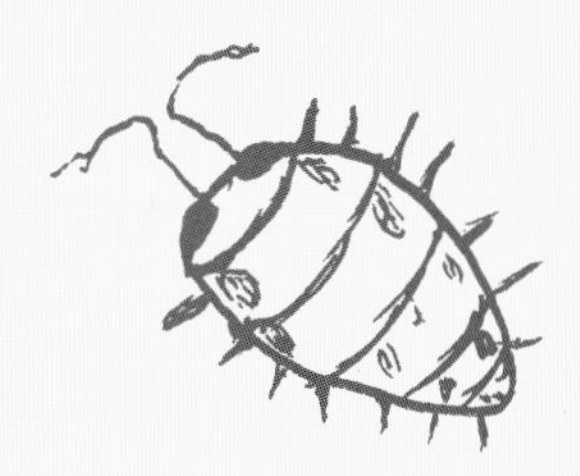

DURANTE EL AÑO

DIVERSIÓN EN CUALQUIER MOMENTO DEL AÑO

Este libro trata sobre salir fuera de casa a disfrutar de la naturaleza en cualquier momento del año y bajo cualquier condición climática. Aunque algunas actividades están relacionadas con los cambios propios de las estaciones (la vida nueva en primavera, el exuberante crecimiento estival, la riqueza otoñal o el reposo invernal), muchas otras pueden disfrutarse a lo largo de todo el año. Siempre se puede trepar a los árboles y remar en el agua. Siempre se pueden encontrar materiales naturales, como el barro, las piedras, los palos y las hojas muertas. También vale la pena intentar llevar a cabo ciertas actividades, como ir a la playa en una época que podría no parecer, a primera vista, la más apropiada.

Un gélido fin de semana invernal, cuando mis hijos eran pequeños, insistieron en ir a la playa. Sin amedrentarse por la capa de escarcha que cubría la arena, jugaron breve, pero intensamente. De forma parecida, un grupo de niñas de doce años salió a hacer una caminata organizada un día primaveral muy húmedo. Esperábamos que llegaran a casa pronto, pero en lugar de ello completaron toda la caminata y volvieron a casa caladas hasta los huesos, pero muy contentas a pesar de la lluvia. Si los niños llevan prendas adecuadas, podrán apreciar todo tipo de condiciones climáticas y disfrutar con la experiencia de girar con la lengua fuera para capturar las gotas de lluvia o de hacer volar cometas bajo un viento muy fuerte o correr bajo una ventisca.

A los niños les encanta volver a un lugar conocido que les guste mucho, tanto si es un sitio en el que puedan correr y explorar, un árbol al que puedan trepar o un escondite especial. Si vuelven a visitar lugares mientras el año avanza verán, en primera persona, cómo cambia esa zona día a día, a lo largo de las estaciones y de los años. Verán que algunas cosas son permanentes, mientras que otras varían según la estación o el clima. Pueden apreciar diferencias sutiles, como la mayor densidad de follaje en las copas de los árboles mientras la primavera da paso al verano, o cambios más espectaculares, como un cauce seco que se convierte en un violento torrente tras una lluvia abundante.

Este capítulo incluye un surtido de juegos y aventuras que se pueden probar en casi cualquier momento del año. Al igual que muchas de las actividades que aparecen en este libro, pueden repetirse en distintas estaciones y diversos lugares.

TREPAR A LOS ÁRBOLES

Si preguntamos a Edward dónde le gustaría ir a dar un paseo, querrá visitar uno de los dos árboles favoritos a los que trepa. Su árbol favorito es una vieja haya podada con una corteza gris lisa. Situada en la parte superior de una pendiente herbácea empinada, sus ramas retorcidas y enmarañadas le ofrecen numerosos lugares a los que encaramarse, completamente rodeados, en pleno verano, por una gran densidad de hojas. Su segundo árbol favorito es un abedul plateado esbelto con una escalera formada por unas ramas colocadas a intervalos regulares por todo su tronco liso. Trepa tan arriba como osa, abrazando la corteza blanca mientras escucha el sonido de las hojas agitadas por el viento.

ENCONTRAR UN ÁRBOL ESPECIAL

Los niños siempre han disfrutado trepando a los árboles. Un buen árbol al que trepar es todo un hallazgo. Es un lugar al que jugar a todo tipo de juegos y aventuras, y también es un lugar en el que sentarse tranquilamente y disfrutar de los sonidos, las vistas y los olores de la naturaleza. Las visitas frecuentes nos mostrarán cómo cambia el árbol a lo largo de las estaciones: desde las ramas desnudas y las vistas claras del invierno hasta el completo camuflaje verde del verano. Trepando a diversos árboles, los niños pueden empezar a apreciar lo distintos que son y quizás se animen a buscar más.

El árbol de los troll Cuando Jake y Dan eran muy pequeños, les encantaba ir a ver el árbol de los troll. Corrían hacia este árbol viejo y retorcido con gran emoción y algo de miedo y golpeaban la corteza para asustar al troll antes de esconderse en el interior del tronco hueco. Cuando estaban en el interior del árbol, se imaginaban que el troll les estaba observando en la oscuridad. Los árboles huecos siempre tienen un atractivo especial para los niños: los míos quedaron fascinados, y hasta un poco horrorizados al saber que el enorme baobab hueco que vieron en África se había usado como cárcel durante muchos años.

CONSEJOS DE SEGURIDAD

- Los niños sólo deberían intentar trepar a árboles razonablemente maduros con unas ramas resistentes.
- No permita que los niños trepen a lo largo de ramas muertas.
- Limite el número de niños que trepen a un árbol al mismo tiempo.
- Anime a los trepadores a permanecer cerca del tronco del árbol.

El árbol solitario Un amigo nos habló del árbol solitario, que estaba a medio trayecto de una de las caminatas favoritas de su familia. Les proporcionaba un foco de atención en sus salidas: un lugar en el que los niños podían detenerse y jugar entre las enmarañadas raíces o trepar por las ramas. Para los niños muy pequeños, un árbol como éste puede convertirse en un verdadero amigo al que les encantará volver a visitar y del que acabarán por conocer hasta el último detalle.

Árboles caídos Un gran árbol caído es como un terreno de aventuras, ya que proporciona lugares en los que balancearse, columpiarse y construir refugios.

CABAÑAS

Imagine estar en plena naturaleza, completamente solo y verse forzado a encontrar una forma de sobrevivir. El libro para niños *El hacha*, del autor canadiense Gary Paulsen, describe cómo un chico de ciudad de doce años, que se ha salvado de un accidente de avión, consigue vivir en plena naturaleza. Sólo tiene la ropa que lleva puesta y un hacha, y aprende a sobrevivir. Construye un refugio para protegerse de los elementos y de los animales salvajes, averigua cómo hacer fuego y construye un arco y flechas para conseguir alimento. Aunque desea ser rescatado, también aprende a amar y respetar el entorno que le mantiene. El libro apela al instinto aventurero de los niños y, de alguna forma, hace que los juegos como la construcción de un refugio parezcan un poco más reales.

Los niños encuentran emocionante crear su propio lugar especial: un sitio a su escala al que no puedan ir los adultos. Construir una cabaña suele implicar desmontar el sofá o envolver mantas viejas alrededor de sillas a las que se ha dado la vuelta, pero a los niños también les gusta construir refugios fuera de casa. Nuestros hijos se unieron a sus vecinitos de la casa de al lado para construir una cabaña en el seto perenne que separaba ambos jardines delanteros. Podaron el interior del seto hasta obtener un escondite lo suficientemente grande para los cuatro. Los paseantes se sorprendían al oír voces de niños procedentes del interior de lo que parecía un seto normal.

Los exploradores intrépidos pueden adentrarse en el bosque para construir una verdadera cabaña lo suficientemente resistente como para perdurar durante un tiempo y lo bastante sólida como para proteger de los elementos y disponer así de un lugar en el que compartir comida y volver una y otra vez. El refugio de la fotografía proporcionó horas de diversión: desde su planteamiento cuidadoso, la recolección de troncos, palos y tallos de zarzamora, hasta su construcción supervisada. Durante las siguientes semanas fue objeto de numerosas excursiones: los niños hicieron reparaciones, meriendas y lo usaron en todo tipo de juegos imaginarios. Éste era su espacio, que habían creado en pleno bosque, y estar en él les ofrecía un sentimiento de pertenencia.

Siempre hay una participación entusiasta cuando se construye una cabaña: se habla mucho de pernoctar en ella, de hacer frente a los elementos y de sobrevivir en plena naturaleza. Los niños trabajarán juntos y emocionados para hallar los materiales más adecuados y crear un escondrijo, pero la cabaña será mucho más resistente si cuenta con la supervisión de los adultos. Quizás hasta será lo suficientemente buena como para que pasen una noche juntos en ella, para así compartir una breve experiencia de vida en plena naturaleza.

LA ELECCIÓN DE UN LUGAR

Cuando esté escogiendo el lugar en el que construirá la cabaña tenga en cuenta lo siguiente:

- El «bosque» puede encontrarse en el jardín trasero de su casa, pero un bosque proporciona muchas más emociones y una verdadera sensación silvestre.
- Evite provocar demasiados daños a la flora o a los animales encontrando un lugar en el que el suelo del bosque esté relativamente desprovisto de plantas.
- Asegúrese de que haya suficiente madera muerta adecuada en la zona. Los materiales para la construcción de cabañas son troncos, ramas, palos y hojas muertas recogidos del suelo del bosque.
- Intente dar con una característica natural que pueda usarse como punto de partida para la construcción del refugio, como un tronco grande o una rama inclinada. Así resulta mucho más fácil construir algo y da lugar a una estructura más resistente.
- Evite los agujeros, ya que se podrían llenar de agua si llueve.
- Evite construir bajo unas copas de los árboles llenas de hojas, ya que gotearán durante mucho tiempo después de una lluvia abundante.

LO QUE NECESITARÁ

Esta actividad consiste en usar lo que pueda encontrar. Todo lo que necesitará llevarse son unos guantes viejos y quizás una navaja afilada, además de mucha inventiva e imaginación.

LA CONSTRUCCIÓN DE UNA CABAÑA

La construcción del entramado básico, que puede implicar tener que mover ramas grandes, será mejor realizarla bajo la supervisión de adultos. Es importante que la estructura sea muy resistente y fiable. Al igual que sucede con el refugio fotografiado, podría usar un tronco caído como punto de partida y construir la estructura siguiendo estas instrucciones básicas:

- Recoja tres ramas largas del suelo del bosque para formar la estructura básica. Únalas firmemente en la parte superior con cuerda o tallos, como los de la zarzamora, la madreselva o la clemátide silvestre.
- Ate más ramas a lo largo de uno de los lados largos para elaborar la estructura y únalas al lugar correspondiente con materiales hallados en la cercanía.
- Entreteja ramitas de menor tamaño y tallos en la estructura para crear una malla. Ésta debe proporcionar una red adecuada para sostener una cubierta de hojas muertas y hierbas.
- Recoja hojas y hierbas y dispóngalas sobre la red, empezando a la altura del suelo y ascendiendo. La gruesa capa de hojas muertas del suelo del bosque proporciona un material excelente para una cubierta que aislará y mantendrá fuera la mayor parte de la lluvia.
- Los últimos detalles dependerán de los niños. Puede que quieran barrer el suelo para disponer de un lugar liso en el que sentarse con sus amigos o acumular capas de hojas muertas para crear una cama blanda.
- La finalización de la cabaña puede celebrarse con un té o una infusión o un almuerzo de celebración en la nueva cabaña.

CONSEJOS DE SEGURIDAD

- Los niños sólo deberían usar navajas bajo la atenta supervisión de los adultos.
- Tenga cuidado con las plantas con espinas: unos guantes de jardinero serán de gran utilidad para protegerse las manos.
- No encienda fuego en el bosque (*véase* pág. 187).

HACER EL TÉ O UNA INFUSIÓN CON UN INFIERNILLO CERRADO

Los hijos de Jo siempre disfrutan usando un infiernillo cerrado para hacer infusiones o sopa. Recolectan hojas y ramitas secas para encender un pequeño fuego en el recipiente metálico que forma la base del infiernillo cerrado. Una vez encendido el fuego, se coloca una camisa hueca que lo rodeará de forma segura. El agua contenida en la camisa hueca se calienta rápidamente mientras el fuego es dirigido hacia la chimenea. Los infiernillos cerrados se calientan muy rápidamente, y sólo deberían usarse bajo la atenta supervisión de un adulto. Ésta es la única forma segura de encender un fuego en el bosque, y es fácil apagarlo una vez que el agua ha hervido.

A LA CAPTURA DE INSECTOS Y ANIMALILLOS DEL BOSQUE

A Connie le solía encantar buscar cochinillas bajo los troncos en descomposición y observar su cuerpo, parecido a un tanque, y sus antenas, que se agitaban mientras huían en busca de la oscuridad. Sus favoritas eran las cochinillas negras, que se enrollaban formando una bola cuando las toqueteaba con los dedos. La búsqueda de cochinillas ayuda a los niños a descubrir más cosas sobre los numerosos animalillos diminutos que viven en los recovecos de un bosque, un parque o un jardín. Esta actividad puede llevarse a cabo durante la mayor parte del año a excepción, quizás, de los meses invernales más fríos.

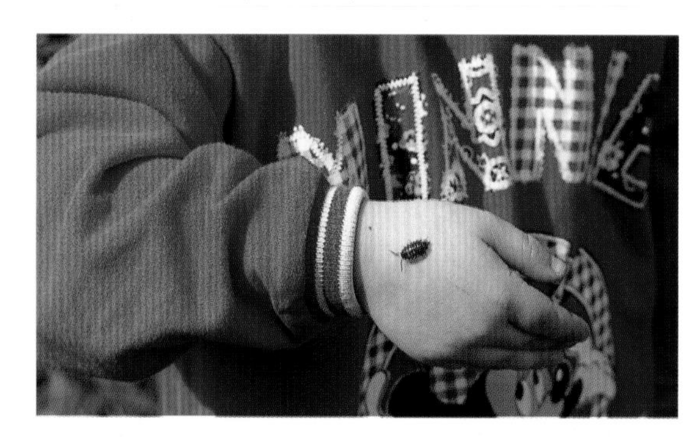

Un bosque, que es un hábitat formado por muchas capas, proporciona a las criaturas diminutas todo tipo de lugares para encontrar un hogar: ya sea en las ramas de los árboles, entre los arbustos bajos, en las plantas pequeñas que crecen en el suelo, en las capas profundas de las hojas muertas o en la madera en descomposición. Cada hábitat aloja a distintas especies de invertebrados adaptadas a la vida en estos lugares. Los lugares más accesibles en los que buscar estas diminutas criaturas que viven en el bosque son debajo de los troncos, entre las hojas muertas y en la madera en descomposición. Los animalitos que viven aquí desempeñan un papel clave en el ciclo de la vida, pues ayudan a descomponer la materia vegetal y liberar los nutrientes contenidos en ella para que vuelvan a la tierra, donde ayudarán a crecer a la próxima generación de plantas. Busque escarabajos negros de tierra, cochinillas, ciempiés, milpiés y tijeretas, amenazadoras pero inofensivas.

ANIMALILLOS DIMINUTOS ENTRE LAS HOJAS MUERTAS

- Recoja un montón de hojas en descomposición del suelo del bosque y dispóngalas sobre una lámina de plástico.
- Cribe entre las hojas. Puede que los niños prefieran llevar guantes o usar un palo para hacerlo.
- Observe muy atentamente por si ve animalillos, y colóquelos con cuidado en una caja para insectos o un recipiente de plástico para estudiarlos más detenidamente. Use un pincel con los más pequeños.
- Cuando haya finalizado su estudio, usando una lupa o una guía de campo, vuelva a colocar las hojas muertas y a los animalillos donde los encontró.

LO QUE NECESITARÁ

- Una lámina grande de plástico
- Guantes (los de jardinero son los mejores)
- Cajas para insectos o recipientes de plástico blanco
- Un pincel
- Lupas
- Una guía de campo

CONSEJO DE SEGURIDAD

Asegúrese de que los niños se laven bien las manos después de haber tocado la tierra.

BAJO LOS TRONCOS Y LAS RAMAS

Busque babosas, caracoles, ciempiés, milpiés, cochinillas y escarabajos de tierra en la humedad y la oscuridad bajo los troncos y las ramas caídas.

- Levante los troncos para investigar su parte inferior y póngalos siempre en su posición original.
- Anime a los niños a dejar los hábitats tal y como los encontraron.

ENTRE LA MADERA EN DESCOMPOSICIÓN

Durante un juego de camuflaje, los niños se distrajeron con un tronco grande. Toquetearon la madera en descomposición y se sorprendieron al descubrir que era blanda como una esponja; era más bien como la tierra que como la textura dura que esperaban encontrar.

- Encuentre un tronco en descomposición y observe cuántos tipos distintos de seres viven debajo de él o en su interior.
- Hable con los niños sobre cómo la madera en descomposición acabará retornando a la tierra, quedando sus nutrientes disponibles para las raíces de los árboles.

AVENTURAS CON LOS OJOS VENDADOS

Observamos la naturaleza con los ojos y apreciamos formas, texturas, colores y contrastes. Nuestros otros sentidos no suelen desempeñar un papel importante a no ser que se vean forzados a ello. Sin embargo, sin la vista, nuestra percepción con los demás sentidos se ve enormemente intensificada, como si la falta de un sentido potenciara los otros. Con los ojos tapados podemos sentir las diferencias de temperatura mientras caminamos entre una zona soleada y una sombreada, o escuchar con más claridad el sonido de las hojas crujiendo bajo nuestros pies.

Los juegos tradicionales con los ojos tapados, como la gallinita ciega, siguen siendo populares entre los niños pequeños. Al contrario que los adultos, que suelen ponerse un poco nerviosos cuando les tapan los ojos, los niños parecen encontrar esta experiencia divertida. Intente practicar estos juegos con los ojos tapados en el campo, el parque o el jardín y ayude así a los niños a disfrutar de la naturaleza de formas nuevas e inesperadas.

ABRAZAR A LOS ÁRBOLES

Podemos apreciar la sombra que nos proporcionan los árboles, disfrutar de sus colores otoñales y pasarlo bien trepando por sus ramas pero, aun así, es fácil dar por sentado que estos gigantes siempre estarán ahí. Abrazar a los árboles es un símbolo de respeto y veneración, asociado con los intentos de los activistas ecologistas por proteger a los árboles amenazados. Cuando los niños se encuentran con árboles como la secuoya americana, no necesitan muchos ánimos para ir a abrazarlos y ver cuánta gente hace falta para rodear el tronco.

Abrazar a los árboles es una forma de animar a los niños a explorar las características de cada uno de ellos, dejando que las yemas de sus dedos descubran cómo cada árbol tiene su propia textura, forma, tamaño y personalidad. Se puede jugar a este juego en cualquier bosque o parque en el que crezcan árboles de distintos tamaños y formas.

LO QUE NECESITARÁ

- Una venda para los ojos, como una bufanda. Lleve siempre algunas vendas para los ojos en su mochila: estos juegos son fáciles de organizar y se puede disfrutar con ellos muchas veces en distintos lugares
- Una soga larga y resistente (si juegan a seguir una ruta mediante una soga)

- Reparta a los niños en parejas. Cada niño tendrá la oportunidad de actuar como guía y de que le venden los ojos.
- Un adulto deberá hacer una demostración de la actividad guiando a un niño con los ojos vendados hacia un árbol y hablándole mientras dure toda esta experiencia.
- Los niños que actúen como guía deberían sujetar firmemente el antebrazo de su pareja y conducirla hacia un árbol, evitando cualquier obstáculo que haya por el camino. Es importante que los niños con los ojos tapados se relajen durante el paseo y que confíen en su guía y en lo que sus otros sentidos les permitan percibir.
- Los guías deberían ayudar a los niños con los ojos vendados a estudiar sus árboles, guiando sus manos para que sientan si la corteza es lisa o tiene fisuras, para explorar los pequeños recovecos y para tocar un brote,

CONSEJOS DE SEGURIDAD

- Estas actividades requieren una buena supervisión durante todo el tiempo.
- Evite que los niños se emocionen en exceso mientras tengan los ojos vendados.
- Esté atento a los troncos, a las raíces que sobresalen y a las ramas bajas.
- En el caso de los niños pequeños, escoja un lugar sin demasiados obstáculos que sortear (los niños mayores disfrutarán con una ruta más complicada).
- Se debe vigilar muy bien a los niños siempre que juegue con sogas.

una hoja que se esté desplegando, un amento o una semilla.

- Los niños también podrían estirar sus brazos para rodear el tronco, medir su perímetro y buscar ramas que salgan del tronco.
- Pida a los niños que sientan el suelo que se encuentra alrededor del árbol y busquen hojas y semillas caídas, además de raíces o una capa de suave musgo.
- Los niños con los ojos vendados también podrían usar su olfato y oler distintas partes del árbol.
- Una vez que los niños con los ojos vendados conozcan sus árboles, se les debería alejar con una ruta que les distrajera y hacerles girar un par de veces hasta que se hubieran desorientado.
- Pida a los niños que se quiten la venda y que encuentren su árbol: se emocionarán al encontrarlo.
- Los niños deben intercambiar sus papeles para que todos actúen, como mínimo, una vez como guía y una vez como guiados.

PASEO GUIADO

En esta actividad se guía a un niño con los ojos vendados a lo largo de un corto paseo.

- El guía debería intentar escoger una ruta interesante y variada a lo largo de la cual pueda dirigir las manos de su pareja con los ojos vendados para que sienta objetos naturales, como una suave capa de musgo, tiras de liquen sobre una rama, madera esponjosa en descomposición o el frío sobre una roca.
- Potencie la experiencia proporcionando otros objetos naturales que tocar. ¿Pueden los niños identificar la forma y la textura de una pluma, una bellota, una piña de abeto o el barro húmedo?
- Machaque hierbas silvestres, como la mejorana, el tomillo o la menta u otras plantas aromáticas como la aliaria o las agujas de pino y deje que los niños las huelan y adivinen qué son.
- Conduzca a los niños por distintas superficies, como la hierba, las hojas, un camino de grava o un charco lleno de barro.
- Inténtelo con una ruta distinta y, con los pies descalzos, pase por hierba llena de rocío, un pantano lleno de musgo o un lecho de hojas. Puede tratarse de una experiencia emocionante y divertida; no obstante, conviene que permanezca atento a las piedras afiladas, los palos y las espinas, entre otras cosas.

RUTAS SIGUIENDO UNA SOGA

Durante una excursión primaveral a uno de nuestros lugares favoritos en la naturaleza, un amigo de la familia extendió una soga a lo largo de una ladera herbácea empinada, colocándose en la parte superior para anclar la cuerda. Los niños corrieron hacia abajo, se pusieron vendas en los ojos y, agarrándose a la soga, subieron por la colina. Se oían gritos de alegría mientras superaban hormigueros, las madrigueras de los conejos y arbustos enmarañados.

- Para que estas rutas siguiendo una soga tengan éxito, es necesario planear un poco las cosas. Los niños con los ojos vendados harán turnos para seguir la ruta, agarrándose a la soga, que puede fijarse en distintos puntos de la ruta escogida.

- Disponga una ruta en una zona en la que haya diversos obstáculos que superar y distintos terrenos que experimentar. La ruta podría subir y bajar por una colina, seguir un sendero sombreado en un bosque y pasar por un claro soleado, hacer que los niños tengan que gatear y trepar tocones de troncos llenos de musgo, para acabar en un charco lleno de barro.

- Añada interés fijando la soga a distintas alturas a lo largo de la ruta.

- Una alternativa a esta ruta es la de la ruta móvil, en la que un adulto sujeta uno de los cabos y los niños, con los ojos vendados, se disponen a intervalos regulares a lo largo de toda la longitud de la soga, sujetándola con una mano. El adulto empieza a caminar, tirando de los niños y advirtiéndoles de los obstáculos. La soga debería mantenerse tirante y nadie debería tirar de ella bruscamente. Intente llevar a los niños a un destino secreto y haga que se quiten las vendas de los ojos para ver si saben volver al punto de partida.

EN BUSCA DE RESTOS

«¿Quién puede encontrar hoy el objeto más raro en este bosque?» Así empezó una búsqueda mientras los niños miraban por todos los sitios para encontrar los objetos naturales más extraños y maravillosos que pudieran localizar. Después de unos veinte minutos, sus tesoros incluían la pluma de un milano, caparazones de caracol, hayucos y, lo más emocionante de todo: los restos, más bien desagradables, de la pata de un zorro. Se discutió mucho sobre aquello que los niños consideraban raro y por qué, lo que dio lugar a más búsquedas de tesoros inusuales.

LA ORGANIZACIÓN DE UNA BÚSQUEDA DE RESTOS

Buscar los objetos incluidos en una lista debería animar a los niños a estar atentos y pensar de forma creativa. Se puede pedir a los niños pequeños que busquen cinco hojas distintas, una pluma y una piña de abeto, algo blanco y algo lanoso. A los niños mayores se les puede proponer una lista más complicada, y se les podría pedir que encontrasen una solana, una semilla, los restos de la comida de un animal, algo que proteja a una planta y el pelo de un animal.

- No les anime a que recolecten flores silvestres.
- Una vez que todos hayan obtenido su colección de objetos, reúnalos para que compartan sus descubrimientos y discuta por qué han escogido algunos objetos.
- Anime a los niños mayores a pensar en el papel que pueden desempeñar sus hallazgos en los procesos naturales (los frutos secos, por ejemplo, pueden proporcionar alimento, mientras que las hojas muertas enriquecen la tierra).
- La mayoría de las cosas encontradas serán objetos y materiales que se pueden hallar en el suelo, como semillas, hojas, plumas, caparazones y guijarros. Algunos de estos objetos se pueden llevar a casa, quizás para constituir el inicio de una colección de ciencias naturales o usarse para crear un *collage* o una escultura de un ser imaginario.
- Asegúrese de que la mayoría de los objetos recogidos se devuelvan al lugar en el que fueron encontrados.

DISTINTOS JUEGOS DE BÚSQUEDA

Búsqueda instantánea Tenga unas cuantas ideas escondidas en la manga para proponer una actividad espontánea si los niños se están aburriendo o si necesitan centrar su atención en algo nuevo. Pueden buscar signos de la primavera, cosas que crean que pueden resultar útiles para las personas, señales de actividad animal, algún tesoro o hasta algo que crean que es desagradable.

Competiciones ¿Quién será el primero en traer una pluma o un fruto seco roído? ¿Quién puede encontrar la hoja más grande o el caparazón de caracol más colorido?

Búsqueda virtual Proporcione a los niños un lápiz y una lista de objetos que sean imposibles de recolectar físicamente, como un roble, la madriguera de un conejo, el nido de un pájaro o un hormiguero. Pídales que le enseñen cada cosa cuando la encuentren.

Búsqueda de objetos imaginarios ¿Pueden encontrar la capa de un hada, la mesa de un elfo, la guarida de un hobbit o la de un dragón? Aprovechando ideas de un libro de cuentos o de una película favorita, organice una expedición para hallar objetos que haga que su imaginación se dirija hacia la búsqueda de tesoros de un mundo de fantasía.

Búsqueda de objetos diminutos Proporcione a los niños un recipiente muy pequeño, como una caja de cerillas o un tubito para los carretes de fotografías y pídales que encuentren tantos objetos naturales como quepan en su interior. Envíeles a buscar objetos pequeños, como una brizna de hierba, una aguja de pino, una piedrecita, una espina o una semilla. Después de unos veinte minutos, reúna a los niños y pídales que viertan sus hallazgos sobre un trozo de papel o de cartulina para contarlos. Quizás puedan intentar clasificar sus hallazgos por categorías.

Búsqueda de objetos en la playa ¿Quién puede encontrar la caracola más pequeña; espinas; conchas; una piedra con un agujero; tres tipos distintos de algas o el trozo de madera de deriva más interesante?

El objeto discordante Proporcione a los niños hueveras y pídales que recolecten cinco cosas similares y una sexta que sea diferente. Es asunto de cada niño decidir cuáles deben ser las similitudes y las diferencias y es asunto suyo decidir qué objetos son los discordantes.

Juego de memoria Este juego tradicional en las fiestas, puede adaptarse como si se tratara de una búsqueda de objetos. Esconda unos diez objetos naturales distintos debajo de un mantel y luego enséñeselos durante treinta segundos. ¿Pueden recordar lo que han visto?

LO QUE NECESITARÁ
- Listas de objetos que buscar ya preparadas
- Bolsas o recipientes (como tarros de yogur o cajas de huevos) para recoger los objetos. El tipo de contenedor no es realmente importante, pero dé a cada niño el mismo recipiente

CONSEJOS DE SEGURIDAD
- No les anime a que recolecten bayas y setas, ya que algunas son venenosas.
- Asegúrese de que después los niños se laven muy bien las manos.

DETECTIVES DE LA NATURALEZA

Durante un paseo por campos africanos, mis hijos quedaron fascinados al ver cómo nuestros guías autóctonos resolvían las pistas dejadas por los animales. Los guías sabían identificar cada huella y cada agujero en el suelo; los restos de los materiales de origen animal o vegetal les decían quién había estado comiendo y qué, y hasta sabían de qué animal era cada excremento. Podían comprender los signos que eran demasiado sutiles para nosotros: una hoja girada, un pelo atrapado en una espina. Lo leían todo como quien lee el periódico, averiguando exactamente qué hacía cada ser vivo y dónde lo hacía, y luego nos llevaban a los mejores lugares para ver más animales salvajes de los que hubiéramos podido imaginar.

LO QUE NECESITARÁ

- Lupas
- Utensilios para hacer moldes de escayola de huellas de animales (*véanse* las instrucciones para hacer moldes de barro, pág. 55)
- Bolsas o recipientes para contener objetos
- Una guía de campo para identificar los signos y las huellas de los animales

CONSEJO DE SEGURIDAD

No permita que los niños toquen excrementos con las manos. Pueden usar un palo si quieren averiguar qué ha comido un animal.

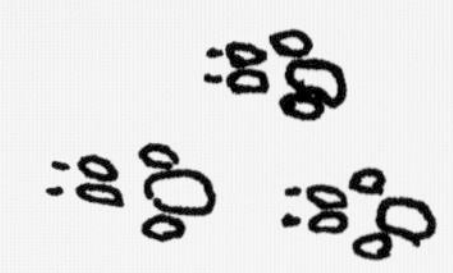

Para los neófitos, estas pistas son como un rompecabezas sin solución, pero un rastreador experimentado puede interpretarlas usando todos sus sentidos y sintonizando plenamente con el animal al que está siguiendo. Se puede animar a los niños a estar más atentos a las huellas y los signos; así que ellos también pueden convertirse en detectives de la naturaleza y espiar las actividades de la fauna salvaje.

ENCONTRAR E INTERPRETAR LAS HUELLAS

Durante un paseo invernal, el amigo de mi hijo se preguntaba quién había dejado todas las pequeñas huellas que cruzaban la nieve. Cada grupo estaba formado por cuatro huellas repetidas según el característico patrón de un conejo dando saltos. El niño quedó sorprendido por la enorme cantidad de huellas, que indicaban lo atareada que está la fauna cuando los humanos no nos hallamos cerca. Encontrando y siguiendo rastros, los niños pueden averiguar más cosas sobre la vida de las aves y los animales.

- Las huellas se ven con mayor facilidad en invierno y a principios de primavera, momento en el que el suelo está lleno de barro y hay menos vegetación. Búsquelas detenidamente en el barro, en la tierra húmeda cercana a los riachuelos, los estanques o incluso en los charcos secos y en la nieve.
- Cuanto más recientes sean las huellas, más fácil será detectarlas. Un rastreador madrugador obtendrá los mejores resultados tras una nevada reciente.
- La mejor luz para detectar las huellas es la de primera hora de la mañana o última hora de la tarde, cuando el sol está inclinado y las sombras que se proyectan son más alargadas.

Pato

Zorro

Perro

Hurón

Ratón

- Intente esparcir arena en la parte exterior de la guarida de un animal. Vuelva al día siguiente para ver si hay algunas huellas reveladoras.
- Puede hacerse una idea de lo rápidamente que se desplazaba un animal cuando dejó las huellas. Cuanto más separadas estén entre sí, más rápido corría el animal.
- Puede que los niños intenten seguir grupos de huellas para ver hasta dónde conducen, o podrían sacar moldes de escayola de las huellas para llevárselas a casa (*véase* pág. 55). Tomando muestras en escayola de las huellas y apreciando el patrón de las pisadas debería ser posible dilucidar qué tipo de animal las dejó.

LOS SENDEROS DE LOS ANIMALES

Muchos animales son criaturas de hábitos y siguen regularmente los mismos caminos entre su guarida y el lugar en el que se alimentan. Mis hijos encontraron algunos de estos senderos y los siguieron, descendiendo por una colina y llegando a un campo. Pudimos ver lo que parecía un tejón huir colina arriba y, aunque no hallamos huellas en el camino, pensamos que probablemente lo usaban los tejones que iban al campo a desenterrar jugosas lombrices. Los niños son mucho mejores que los adultos a la hora de detectar senderos de animales, y disfrutan intentando seguirlos. Anime a los niños a seguir las huellas dejadas por las actividades de los animales, además de otras pistas, como los pelos de los animales que han quedado enganchados en una alambrada.

OTRAS PISTAS

Algunos objetos, como las plumas, los restos de comida o las heces proporcionan pistas sobre la identidad del animal que los dejó.

Plumas sueltas Las aves mudan las plumas una a una mientras crecen las de reemplazo. Anime a los niños a observar los dibujos y los colores de las plumas y a darse cuenta de las diferencias entre el suave plumón del cuerpo y las poderosas plumas remeras de las alas. Haga una colección de plumas: pueden usarse en muchas actividades creativas o para colocarlas en flechas.

Masas de plumas Varias plumas halladas en un mismo lugar pueden ser un signo de actividad depredadora. Si es así, lo más probable es que encuentre plumas grandes y pequeñas juntas, además de otros restos.

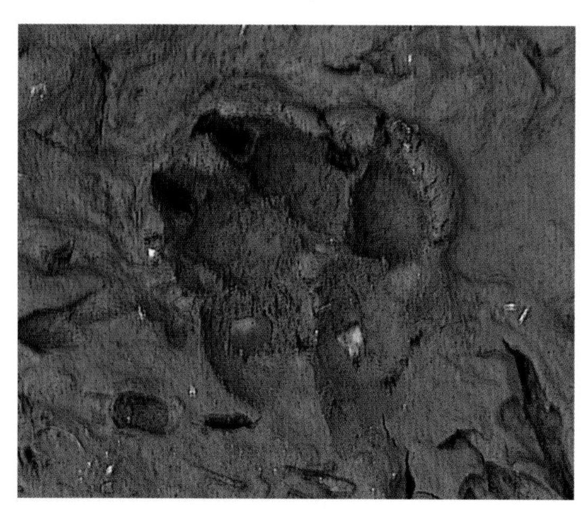

Frutos secos y semillas Mire bajo los árboles por si ve frutos secos o semillas roídos. Cada animal las come de forma distinta. Las ardillas, por ejemplo, parten los frutos secos limpiamente por la mitad, pero los ratones y los campañoles les hacen un agujero con los dientes.

Hojas mordidas Pueden ser signo de una oruga hambrienta o de algún insecto.

Piñas roídas Las ardillas arrancan todas las «escamas» de las piñas.

Huesos Los restos de huesos pueden proporcionar pruebas de una actividad depredadora. Si los huesos están limpios y descoloridos debido a la acción del sol, puede recogerlos y llevarlos a casa para identificarlos.

Cáscaras de huevo Los huevos de las aves son muy vulnerables a los depredadores. Los niños pueden intentar hacer una colección de cáscaras rotas de distintos colores.

Egagrópilas Como las aves no tienen dientes, deben desgarrar a su presa o comérsela entera, tragándose grandes cantidades de materias indigeribles, como huesos, pelos y plumas. Este material se compacta en forma de egagrópilas y es expulsada un par de veces al día. Estas egagrópilas son producidas por las gaviotas, los cuervos, los búhos y otras aves de presa, y suelen encontrarse cerca de los nidos o bajo los sitios en los que se posan o pernoctan. Puede separar los componentes de las egagrópilas con unas pinzas para así poder ver pelo, plumas, huesos...

Heces Dado que la educación para hacer las necesidades es una parte muy importante en la vida de un niño de dos años, no debería sorprendernos que los niños pequeños queden fascinados por las heces. Mientras estén dando un paseo detectarán todo tipo de heces de los animales, por lo que su fascinación podría ser usada con un buen fin. Muchos animales y aves producen unos excrementos muy característicos que los rastreadores y los ecologistas usan para saber hacia dónde puede estar trasladándose una especie o qué ha comido. Anime a los niños a buscar heces y use una guía de campo para poder identificar de qué animales son.

LOS HOGARES DE LOS ANIMALES

A los niños les encanta encontrar guaridas o nidos y especular sobre quién puede vivir ahí. Anímeles a ver no sólo la guarida, sino también la zona que hay a su alrededor para ver si descubren otras pistas. Averiguar las respuestas a las pistas dejadas por los animales y las aves no es fácil, pero esto no debería hacer que los niños dejen de mirar a su alrededor y hagan preguntas sobre quién vive dónde y cómo sobreviven.

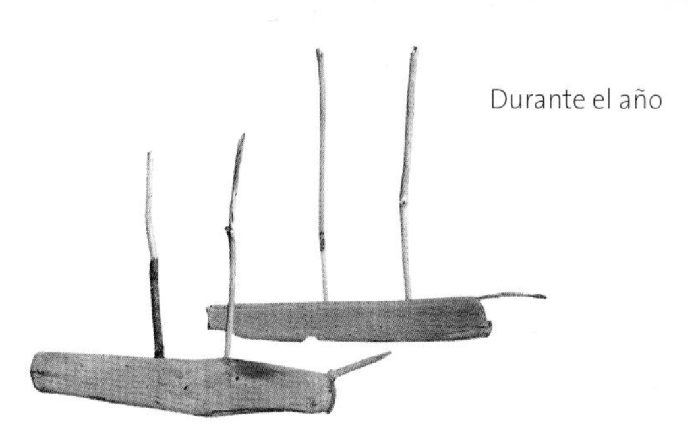

JUGAR CON BARQUITOS

Winnie Pooh inventó el juego de los palitos flotantes tras dejar caer, accidentalmente, una piña de abeto por la parte anterior de un puente de un río y ver que poco después aparecía por la parte posterior, río abajo. Usando unos palos con marcas en lugar de piñas, Winnie Pooh y sus amigos pasaron muchas horas alegres jugando a los palitos flotantes, observando ansiosos de quién era el palito que saldría antes por el otro lado del puente. Incluso a los niños que no conocen las historias de Winnie Pooh, les encantará jugar a este juego en cada puente que encuentren, y para los jugadores serios hay hasta un campeonato internacional que se celebra cada año en primavera en Oxfordshire, Reino Unido, y que sirve para recaudar fondos para el Real Instituto Nacional de Lanchas de Socorro.

Intente mejorar un poco el juego de los palitos flotantes animando a los niños a hacer sus propios barquitos con todo tipo de materiales naturales. Podrán llevar los barquitos para vivir aventuras en el mar, para hacer carreras por un riachuelo con rocas o para hacerlos flotar en la piscina.

BARQUITOS DE JUNCO

De excursión por la montaña, Jo y su familia se detuvieron a descansar al lado de un pequeño riachuelo. Los niños pronto vieron que los juncos que crecían cerca podían flotar y decidieron hacer unos barquitos en miniatura. Los juncos suelen crecer en praderas y páramos húmedos, además de cerca de los riachuelos y los estanques. Una médula muy absorbente y liviana rodeada de una capa externa dura hace que floten y sean resistentes. Los niños unieron y tejieron juncos para hacer pequeños barquitos parecidos a balsas que fueron lanzados para que vivieran su aventura en un riachuelo de curso rápido. Corriendo por el banco, los niños siguieron a los barquitos en su peligroso viaje, animándoles a través de los obstáculos. Intente hacer varios barquitos para que hagan carreras río abajo. ¿Cuán lejos llegarán? ¿Podrán sobrevivir a las cascadas? ¿Podrán encontrar un camino entre las rocas?

BARQUITOS DE RESTOS DE LA PLAYA

La construcción de barquitos es un gran proyecto para unas vacaciones familiares. Los niños y adultos de distintas edades disfrutarán intentando construir algún tipo de nave flotante usando cualquier material que tengan a mano.

Éste puede ser un proyecto en el que trabajar juntos, con el reto de construir un barquito, al que seguirá una expedición de navegación a través de una red de charcas de agua de mar entre las rocas. Como alternativa, puede que cada uno quiera construir su propio barquito en secreto. Al final de las vacaciones, podría celebrar una fiesta de botadura para averiguar qué barquito se mantendrá a flote durante más tiempo o navegará una mayor distancia.

Los barquitos hechos de restos encontrados en la playa también pueden construirse en casa. Entre los muchos tesoros de una playa dispersados en nuestro arenal, nuestros hijos encontraron una pila de valvas de berberecho. Éstas se convirtieron en barquitos que salieron a navegar, en una arriesgada expedición, por el estanque del jardín. Después de que los niños averiguaran qué valvas de berberecho eran las que flotaban mejor, cargaron otras de menor tamaño en sus mejores barquitos para ver cuánta carga podía llevar cada uno antes de hundirse.

LA CONSTRUCCIÓN DE BARQUITOS EN CASA

Un grupo de niños decidió intentar construir barquitos a partir de distintos materiales. Comprobaron la flotabilidad de los barquitos en la piscina antes de sacarlos para una expedición más seria en un riachuelo cercano. Hubo un gran debate sobre la flotabilidad de cada barquito.

- La forma exacta de construir cada barquito es decisión de los niños, aunque el corcho flota y supone un buen punto de inicio si quiere garantizar que todos los barquitos floten.
- La estructura básica puede decorarse y quizás se pueda colocar una vela, que puede consistir en una pluma o una hoja unidas mediante una broqueta.
- Intente experimentar con una gran variedad de materiales naturales. Los hijos de Jo descubrieron que los tallos huecos de las umbelíferas flotan muy bien, y los unieron con hierba con el fin de construir unas balsas geniales.
- Llevar los barquitos a un riachuelo supone una gran prueba para los niños: ¿podrán resistir la corriente? La mayoría de los barquitos fotografiados en la página siguiente demostraron flotar muy bien en los riachuelos, de manera que formaron parte de una fiera batalla entre dos armadas.

HOJAS FLOTANTES

Los niños que jugaban en un riachuelo cercano recogieron distintas hojas y las echaron al agua para ver cuál de ellas flotaba mejor. Se organizaron carreras y retos para cada hoja, y se hicieron comparaciones entre las duras y cerosas y las blandas. Con un poco de ayuda por parte de los adultos, se elaboró una «culebra de agua» (*véase* fotografía superior) uniendo varias hojas con hilo. También se puede usar hierba o espinas para unir las hojas. Intente hacer una culebra muy larga y observe cómo se mueve mientras flota corriente abajo.

LO QUE NECESITARÁ

- Muchos tapones de corcho
- Plumas y hojas a modo de velas
- Los tallos huecos de plantas umbelíferas
- Otros materiales naturales, como ramitas, trozos de corteza, las cápsulas con semillas de las amapolas y algunas flores
- Broquetas, pegamento y plastilina para unir y pegar los materiales

CONSEJOS DE SEGURIDAD

- Los niños siempre deberían estar muy bien vigilados cuando estén cerca del agua.
- Es aconsejable hacer navegar a estos barquitos sólo en estanques o riachuelos muy poco profundos.

LAS PLAYAS DURANTE TODO EL AÑO

La palabra «playa» suele asociarse a días calurosos y de haraganeo tomando el sol y nadando en el mar. Aun así, a los niños les gusta la playa en cualquier momento del año: construirán castillos de arena bajo la lluvia, correrán por la arena mientras nieva o jugarán entre el barro de un estuario. Siempre que vayan bien abrigados, los niños disfrutarán estando cerca del mar independientemente de cuáles sean las condiciones climáticas.

Un paseo invernal por una playa puede implicar la recolección de madera de deriva y encontrar un lugar resguardado, encender un fuego y hacer un té o un chocolate caliente. En general, no debe animarse a que se encienda el fuego en el campo, especialmente si el clima es seco, pero se pueden encender de forma bastante segura en playas de guijarros o de arena con madera arrojada a la playa por el mar. El fuego debería encenderse sobre una roca o en el interior de un círculo de piedras, para evitar que se extienda (*véase* pág. 187).

HACER LÁPICES DE CARBONCILLO

Durante una excursión a una playa de piedras, encendimos un fuego para hacer una muy necesaria bebida caliente. Después de que los niños hubieran pasado un rato hurgando entre las ascuas de los bordes del fuego con unos palitos largos y finos, alguien se dio cuenta de que podían usar el carboncillo a modo de lápiz. Esto supuso el inicio de un alegre juego que implicaba hacer lápices de carboncillo para hacer dibujos.

CONSEJOS DE SEGURIDAD

- Espere hasta que el fuego haya formado ascuas antes de que los niños hagan los lápices.
- Quédese cerca de los niños mientras jueguen con los palos y el fuego.
- Después, asegúrese de que las ascuas queden apagadas.

MÓVILES MARINOS

Durante una salida a una playa agreste y azotada por el viento, los niños recogieron madera de deriva pulida por el mar y un surtido de caracolas. Insistieron en llevarse estos recuerdos a casa, suspendiendo sus favoritos de la madera de deriva para hacer un móvil marino. Se pueden recolectar tesoros naturales de la playa en cualquier momento del año y usarlos en muchas actividades creativas.

FIESTAS FUERA DE CASA

Las largas tardes y el clima cálido del verano hacen que sea una estación en la que resulta fácil estar fuera de casa, aunque cualquier época puede ser buena para una fiesta fuera de casa, siempre que todos estén preparados para las condiciones climáticas y que quieran intentarlo. Durante una de las fiestas de Jake fuera de casa, empezó a llover, pero los niños no se desanimaron por el clima. Siguieron con sus juegos y más tarde disfrutaron con la narración de cuentos en un refugio improvisado. Todos lo pasaron muy bien, a pesar del clima.

A un niño que celebraba su cumpleaños en invierno, sus padres le ofrecieron una costosa fiesta de cumpleaños organizada, pero lo que quería en realidad era una fiesta en el bosque, así que eso fue lo que le ofrecieron: una tarde de rastreo por la naturaleza, un columpio hecho con una cuerda atada entre dos árboles y tostar nubes de caramelo alrededor de una hoguera. Los niños lo pasaron en grande corriendo y liberando energía, y el niño ahorró a sus padres una verdadera fortuna. A los niños les encanta disponer de la libertad para correr libremente en plena naturaleza con un gran grupo de amigos, y muchas de las actividades descritas en este libro son idóneas para las fiestas infantiles.

Un amigo decidió celebrar su cuarenta cumpleaños con una gran fiesta al aire libre en un lugar para hacer un almuerzo en un bosque cercano. Acudieron muchas familias con sus manteles para almuerzo, comida y vino, bates de béisbol y discos voladores (*frisbees*). Los niños jugaron alegremente entre los árboles de los alrededores, algunos construyeron una cabaña y otros treparon por los árboles, jugaron al escondite, hicieron pompas de jabón o se pintaron la cara.

Las fiestas familiares y las infantiles pueden funcionar bien fuera de casa, pero es importante escoger un lugar donde nada ni nadie sean molestados por un grupo de adultos que charlen y por niños emocionados.

IDEAS PARA LAS FIESTAS

Aquí les ofrecemos algunas sugerencias para otros tipos de fiestas. Las fiestas nocturnas se describen en el próximo capítulo.

Paseos familiares Una reunión con un grupo de amigos o familiares para dar un paseo puede suponer una gran fiesta. A los niños les encanta caminar y correr con sus amigos, especialmente si hay actividades que llevar a cabo por el camino. Los paseos estivales podrían incluir un almuerzo o una barbacoa, y los frescos paseos invernales pueden acompañarse de un té y pasteles en casa.

Fiestas en una reserva natural La hija de un amigo celebró varios cumpleaños en una reserva natural situada a las afueras de un pueblo donde vivía su familia. Las niñas pescaron en el estanque (*véase* pág. 42), recolectaron colores (*véase* pág. 74) y jugaron con los ojos vendados (*véase* pág. 147).

Fiestas de rastreo en la naturaleza Siempre son muy populares, pero es necesario organizarlas y supervisarlas cuidadosamente. Los niños deben ir en parejas y no alejarse del camino (*véase* pág. 126).

Fiestas con una excursión Meta en las mochilas algunas fiambreras y lleve a los niños de excursión para descubrir algo en el bosque. Vigíleles bien. Quizás hasta podría hacerles una emboscada cuando menos se lo esperen.

Fiestas de hadas Un grupo de niñas puede disfrutar con una fiesta de hadas. Intente pintar algunos cantos rodados de colores brillantes y déjelos por el bosque, formando un rastro, para que las niñas lo sigan. El camino podría acabar en un claro del bosque en el que se haya dispuesto un juego de té en miniatura para una fiesta de hadas. Algunos de los juegos y las actividades descritos en este libro podrían adaptarse a este juego de hadas. Puede que las niñas quieran ir a buscar restos para ver si encuentran tazas, alimentos y ropa para las hadas o crear un jardín de hadas en miniatura (*véase* pág. 71).

CONSEJOS DE SEGURIDAD

- Cuando lleve niños al campo, asegúrese de que sepan quién es responsable de ellos y cómo deben comportarse.
- Acuerde un punto de reunión.
- Pida a los niños que permanezcan en parejas en los juegos en los que el grupo podría dispersarse.
- Como norma general, no encienda fuego en la naturaleza. (Para obtener algunos consejos para las escasas ocasiones en las que pueda resultar adecuado encender un fuego, *véanse* las normas de seguridad relativas al fuego, pág. 187.)

DESPUÉS DEL OCASO

DIVERSIÓN DESPUÉS DEL OCASO

Cuando Edward y Jake estaban pensando cómo celebrar su décimo cumpleaños, se les ocurrió que podían organizar una expedición nocturna y una excursión de acampada. Esto puede que no se parezca a la idea que la mayoría de la gente tiene de una fiesta infantil, pero el descubrimiento de un granero que ofrecía un alojamiento cálido en una reserva natural cercana hizo que todo pareciera posible, y se hicieron planes para lo que acabó siendo una de las fiestas más exitosas y memorables que nuestros hijos hayan celebrado.

Doce emocionados niños y varios adultos se reunieron a unos 3 km del granero mientras el sol se estaba poniendo. Los niños empezaron a corretear, encendiendo sus linternas y llamándose los unos a los otros. Para muchos de ellos era una experiencia completamente nueva. Una vez estábamos en la profundidad del bosque, pedimos a los niños que dejaran de charlar, que guardaran silencio y que apagaran las linternas. Pronto empezaron a oír el ulular de los búhos y ruidos misteriosos entre la maleza y, a medida que su vista se fue adaptando a la oscuridad, se dieron cuenta de que podían ver troncos pálidos y el camino cretoso que serpenteaba por delante.

Cuando salimos del bosque y llegamos a un campo abierto con hierba y arbustos, se animó a los niños a que siguieran tomándose su tiempo para observar y escuchar. Un niño con muy buena vista vio un brillo pálido en la hierba y luego todos empezaron a detectar las pequeñas líneas luminosas. Conseguimos capturar uno de los objetos brillantes y bajo la luz de la linterna vimos que era un ciempiés. Tras una observación más detenida apreciamos que no era realmente el ciempiés el que era luminoso, sino el rastro que dejaba. Cuando llegamos al granero, los chicos salieron corriendo para contarle al guarda de la reserva nuestro hallazgo. Quedaron intrigados al comprobar que aunque el hombre conocía lo de los ciempiés y su extraña secreción luminosa, no había identificado todavía el nombre de la especie.

Todos los niños recuerdan las emocionantes actividades de esa inusual fiesta: el paseo por el bosque oscuro, tostar nubes de caramelo en el fuego, los tontos juegos de la fiesta y el descubrimiento de los ciempiés y de sus misteriosos rastros luminosos. Estas expediciones nocturnas son toda una empresa, pero un sencillo paseo nocturno sin linternas también puede suponer una verdadera aventura. La noche transforma la naturaleza en un lugar muy distinto: para algunos niños es un momento de emoción y descubrimientos, pero para otros es siniestro y amedrentador. Aun así, la oscuridad no es algo de lo que debamos tener miedo, y cuantas más cosas descubran los niños de los misterios de la noche, menos atemorizadora les resultará.

En una cálida noche estival podemos ver polillas volando por el aire, y el mar puede brillar, lúgubremente, con fluorescencia. Los niños pueden darse cuenta de que la pérdida de visión parece magnificar los sonidos de la noche: el croar de las ranas, el chirrido de los grillos, el ulular de los búhos, los aullidos de los lobos o el melódico canto del ruiseñor. Puede que descubran que a medida que la calidad de la luz varía, también lo hace la calidad de la oscuridad: hay tipos de oscuridad en los que el sorprendente brillo de la luz de la luna proyecta sombras; tenemos la oscuridad de la luna nueva, en la que las estrellas brillan más, y la oscuridad de una noche húmeda y con niebla, que ensordece los sonidos y hace que el mundo se encoja.

La mayoría de los niños tiene pocas oportunidades de conocer la verdadera oscuridad, ya que en los pueblos y las ciudades no hay forma de huir del sempiterno color anaranjado de las luces urbanas. La oscuridad es considerada algo que esconde peligros desconocidos y que, por tanto, debe evitarse. No obstante, una excursión nocturna al campo bien supervisada puede ser una

experiencia cautivadora y, una vez que los ojos de los niños se hayan adaptado a la oscuridad, la emoción empezará a sustituir su miedo. Es gratificante explorar la naturaleza en la oscuridad, incluso aunque simplemente estén averiguando qué animalillos acuden al jardín por la noche. Vayan todos juntos y tenga presente que algunos niños pueden tener miedo. (Quizás se encuentre con que el miedo a la oscuridad hace que los niños desobedientes sean algo más gobernables.) Las actividades de esta sección deberían ayudar a los niños a tener menos miedo a la oscuridad, a disfrutar más con los misterios de la noche y a comprender los distintos mecanismos de adaptación de los animales para hacer frente a la oscuridad.

PASEOS NOCTURNOS

Los paseos nocturnos pueden ser divertidos en cualquier momento del año, pero quizás sean más emocionantes en primavera y verano. En primavera, cuando la vegetación no es todavía demasiado densa, existen más probabilidades de ver mamíferos: ésta es la época en la que encontrar un escondrijo en el bosque y observar a las familias de tejones y zorros. Por otra parte, un paseo durante una noche estival silenciosa probablemente nos revelará a esos misteriosos y fascinantes mamíferos voladores: los murciélagos.

También podremos detectar a otros animales en verano. Mientras conducía de vuelta a casa después de ver fuegos artificiales una noche cálida y tranquila de verano, decidimos desviarnos hacia nuestra reserva natural favorita para una caminata vespertina. Estábamos caminando por la ladera oscura cuando vimos un puntito de luz verde que brillaba en la hierba. Empezamos a ver más y más hasta que quedamos rodeados de un despliegue natural de cientos de lucecitas. Tomé una de ellas, mostrando a los niños el cuerpo de una luciérnaga, parecido al de una oruga. El extremo posterior de su abdomen iluminaba la palma de mi mano con una luz verde lúgubre. Las caritas curiosas se agolpaban a mi alrededor, y los ojos miraban sorprendidos al animalito. Les expliqué que se trataba de una hembra que no podía volar y que usaba la luz para atraer a los machos alados. Las luciérnagas pueden encontrarse en praderas no cultivadas ni mejoradas y emiten luz desde dos horas después del ocaso en las noches estivales cálidas y secas.

PREPARARSE PARA UNA CAMINATA NOCTURNA

Aunque los paseos por el campo serán más oscuros y naturales, un paseo urbano nocturno también puede ser gratificante. En los parques y jardines de las ciudades viven muchos mamíferos.

Planear la ruta Es fácil perderse en la oscuridad, así que lleve a sus hijos a dar paseos nocturnos sólo por rutas que conozcan bien. La ruta no tiene por qué ser larga, aunque debería permitir a los niños sentir que están verdaderamente en plena naturaleza, o por lo menos lejos de las luces de la ciudad. Incluso un camino conocido parecerá emocionante y nuevo de noche, con las luces de las ciudades y los pueblos que brillan en los alrededores y la luna que se alza en un cielo que se va oscureciendo.

Crear un rastro Si disponen de tiempo para que alguien se adelante, podría marcar la ruta con flechas pintadas con tiza: los niños disfrutarán buscándolas con sus linternas. Como alternativa, intente crear un rastro con bastones luminosos (los podrá encontrar en las jugueterías).

Buena temporización Si parten con el ocaso, oirán y verán la llegada de los animales nocturnos, mientras salen de sus escondrijos diurnos.

Ropa adecuada Lleve prendas de colores oscuros que no crujan ni hagan ruido. Puede añadir emoción pidiendo a

LO QUE NECESITARÁ

- Prendas oscuras y que no hagan ruido y un buen calzado con la suela blanda
- Pintura para la cara
- Varias linternas y pilas de repuesto. Unas velas en el interior de tarros de mermelada suponen un farolillo de fabricación casera. Para hacer un asa, una un trozo de cuerda a la parte superior del tarro y fíjela dándole unas vueltas apretadas justo por debajo del borde
- Unos prismáticos para mirar las estrellas o la luna
- Algo para comer y un termo con alguna bebida caliente

CONSEJOS DE SEGURIDAD

- Asegúrese de que todos vayan juntos.
- Los niños deberían caminar lenta y silenciosamente para evitar tropezar con objetos ocultos.
- Siempre debería haber un adulto en la parte delantera y la posterior del grupo.
- Proporcione a cada niño un brazalete fluorescente o un bastón luminoso a su vestimenta.
- Anime a los niños a ir en parejas.
- Los niños que lleven farolillos con velas deben ser vigilados muy cuidadosamente.

los niños que se pinten la cara, para camuflarse, con rayas de carboncillo o barro. Lleve un buen calzado con las suelas blandas que le permita caminar silenciosamente. Mejor todavía: deje que los niños vayan descalzos un rato si cree que es seguro.

Iluminación nocturna Un trozo de celofán rojo colocado sobre la lente de una linterna evitará que los animales salvajes vean la luz.

DURANTE LA CAMINATA

Usar la visión nocturna Anime a los niños a no usar las linternas mientras caminan. Una vez que sus ojos se hayan acostumbrado a la oscuridad, se sorprenderán de lo mucho que pueden ver.

Insectos y escarabajos nocturnos ¿Qué animalitos salen de noche? Las linternas pequeñas pueden ser de gran utilidad para explorar áreas reducidas: intente investigar el tocón de un árbol viejo o un hormiguero, o buscar debajo de un tronco o una piedra. Recuerde que debe dejar los troncos y las piedras tal y como las encontró.

El juego de escuchar Coloque un farolillo en el suelo, en medio de un claro del bosque o en otro espacio abierto, y anime a cada niño a encontrar su propio sitio para sentarse. Deberían poder ver el farolillo desde el lugar escogido. Deje que estén por lo menos cinco minutos sentados en silencio, escuchando los sonidos nocturnos. Luego llame a todos para que vuelvan hacia donde está el farolillo y siéntense para hablar de lo que cada uno de ellos ha escuchado.

Observar la luna y las estrellas Tómese algo de tiempo para mirar el cielo nocturno, preferiblemente lejos de lugares con contaminación lumínica. Durante unas vacaciones en pleno campo, un paseo nocturno reveló a Hannah y a Edward más estrellas de las que podían imaginarse: estrellas y más estrellas en un vasto cielo que parecía no acabar nunca. Para disfrutar realmente del cielo en una noche clara, localice un espacio abierto en el que el suelo esté seco y anime a todos a tumbarse como los radios de una rueda, con las cabezas en el centro. Túmbense en silencio, mirando a las estrellas y escuchando los sonidos nocturnos. Váyanse pasando unos prismáticos para obtener una vista incluso mejor de algunas de las constelaciones o para observar la superficie de la luna.

LA PLAYA POR LA NOCHE

La mayoría de las familias pasan unas vacaciones en la playa en un momento u otro, pero, ¿cuántas aprovechan la oportunidad de visitar la playa de noche? Una excursión nocturna a una playa tranquila será una verdadera aventura. El sonido de las olas parecerá más fuerte e insistente, y puede que el negro intenso del mar contenga puntos fluorescentes. Unos amigos de la familia que fueron una noche a su playa favorita se sorprendieron al ver una retahíla de luces parpadeantes brillando en la arena, y una hilera de fanales les dirigió hasta el borde del agua. Corriendo hacia una de las luces vieron una lamparilla en un agujero con un lado inclinado en la arena. Obviamente, alguien había pasado mucho tiempo haciendo cada agujero para crear un mágico camino de luces.

LO QUE NECESITARÁ

- Lamparillas o velas flotantes y cerillas
- Palas y paletas
- Tarros de mermelada

CONSEJOS DE SEGURIDAD

- Los niños que juegan en un playa de noche deben estar vigilados por adultos.
- Esté atento a la marea. Los niños serán menos conscientes de los movimientos del mar por la noche. Compruebe el horario de las mareas antes de ir a la playa e intente escoger una noche en la que la marea retroceda.
- Supervise cuidadosamente a los niños cuando jueguen cerca de las lamparillas o las velas flotantes.

Durante el resto de las vacaciones, los niños solicitaron ir a la playa cada tarde-noche, y siempre llevaban consigo una bolsa con lamparillas o velas flotantes. La construcción de castillos de arena, de casitas de cantos rodados y de estanques adquirió otra dimensión. Todas las actividades descritas en las siguientes páginas irán mejor si no sopla viento. Los niños se frustrarán rápidamente si el viento apaga continuamente las velas.

AGUJEROS BRILLANTES EN LA ARENA

- Haga los agujeros en la arena situada más allá de la línea de la marea alta, ya que la arena húmeda permite que el agujero conserve su forma.
- Haga los agujeros tan profundos como pueda (pero no tan profundos como para que se desplomen o se llenen de agua). Alise los lados con una pala o una paleta.
- Disponga los agujeros de modo que formen un camino que conduzca a través de toda la playa, hasta llegar al borde del agua o al lugar donde harán un almuerzo. Como alternativa, haga un diseño con los agujeros: un círculo o quizás una palabra.
- Coloque una sola lamparilla en cada agujero. Los tarros de vidrio las protegerán.
- Invite a algunos amigos a reunirse con ustedes en la playa y observe su cara de sorpresa y alegría al ser recibidos por un camino de agujeros brillantes en la arena.

MÁS CREACIONES CON VELAS

Entre los usos alternativos de las velas en la playa tenemos:

Velas flotantes Durante una tarde-noche sin viento, las velas flotantes colocadas en charcas de agua de

mar entre rocas crearán unos hermosos reflejos, o quizás, podrían excavar y formar una serie de pequeños estanques en la arena muy húmeda y luego colocar una vela flotante en cada uno.

Castillos de arena iluminados Imagine un castillo de arena que brilla y está listo para un baile de hadas. Al construir un castillo con la arena húmeda y firme que queda al retirarse la marea es posible crear recovecos, túneles y agujeros que podrán contener lamparillas. Los niños podrían proponerse el reto de construir la cámara más grande posible en el interior de un castillo de arena, y cuando llegue la oscuridad, usar las lamparillas para iluminarla. Construir una estructura tal lleva tiempo y paciencia: es un proyecto al que vale la pena dedicar toda una tarde.

Montones de piedras iluminados con velas En la excursión que aparece fotografiada al lado, los niños construyeron una serie de montones de piedras huecos cercanos los unos a los otros en uno de sus lugares favoritos en la playa. Al poner las lamparillas en tarros pequeños de vidrio, cada montón de piedras creó un efecto sorprendente. Intente construir diversas estructuras huecas.

BARQUITOS CON LAMPARILLAS

Para algunas familias de amigos, construir barquitos con lamparillas se ha convertido en una tradición. Para cada miembro de la familia, el reto consiste en recolectar materiales durante todas las vacaciones y construir su propia barca. Se planea y proyecta cuidadosamente mientras se van recogiendo restos y trozos y se van ensamblando barquitos de todo tipo en secreto. Durante la última tarde-noche de las vacaciones se celebra una fiesta ceremonial de botadura en la extensión de agua más adecuada, ya sea una charca de agua de mar rodeada de rocas, un estanque, un riachuelo o una piscina. Los barquitos se alinean en la ribera y se coloca una lamparilla con cuidado en cada una de ellas antes de empujarlas hacia el agua. Cada uno espera entonces con ilusión para ver de quién es el barquito que flotará durante más tiempo o el que llegará más lejos o el que se incendiará.

- Puede construir los barquitos con materiales naturales y encontrados (*véase* «Jugar con barquitos», en la pág. 159).
- Puede usarse cualquier diseño, siempre que los barquitos puedan flotar mientras transportan una lamparilla.
- Encuentre un lugar de botadura desde donde se pueda acceder fácilmente al agua: quizás una charca de agua de mar rodeada de rocas o un estanque con las riberas muy llanas.
- Escoja una tarde-noche sin nada de viento para la botadura de los barquitos, ya que la más ligera brisa será suficiente para apagar las lamparillas. Para obtener los mejores resultados, haga que los barquitos tengan lados, lo que ayudará a que el viento no afecte a las lamparillas.
- Recuerde retirar todos los barquitos y las lamparillas después de la botadura.

LO QUE NECESITARÁ
No necesita llevar ningún material especial. Si esta actividad se lleva a cabo durante las vacaciones, las herramientas y los adhesivos a su disposición serán limitados, lo que significa que se verán forzados a usar su iniciativa.

CONSEJO DE SEGURIDAD
Debería vigilarse bien a los niños cuando usen lamparillas y jueguen cerca del agua.

LA FIESTA DE HALLOWEEN

Halloween (31 de octubre) ha sido secuestrado por los monstruitos que buscan caramelos y por los niños, que nos pedirán dulces a cambio de no hacer alguna travesura; en el pasado, esta fecha era un momento que marcaba el fin de la cosecha otoñal y la proximidad del invierno. El primero de noviembre era el Año Nuevo para los celtas, y las celebraciones empezaban con el ocaso del último día de octubre. Se creía que esta víspera del Año Nuevo celta era una noche en la que se abría un hueco entre el mundo de los vivos y el de los muertos, y los espíritus vagaban. Se colocaban imágenes de espíritus guardianes esculpidos en calabazas en el umbral de las puertas para mantener alejados a los espíritus malvados: eran los precursores de los farolillos hechos con calabazas que usamos en la actualidad.

LA CELEBRACIÓN DE HALLOWEEN

Para un Halloween mágico, intente celebrar una fiesta en el bosque iluminada con farolillos hechos con calabazas.

- Haga los farolillos en casa usando una selección de calabazas. Corte la parte superior de las calabazas con un cuchillo afilado y vacíelas; reserve la pulpa para hacer sopa o una tarta.

- Anime a los niños a pintar caras y dibujos en la piel de las calabazas para así proporcionarle una guía para cuando las esculpa. La piel es gruesa y resistente, así que deberán usarse cuchillos afilados para cortar los dibujos. Los niños sólo deberían hacer esto bajo la atenta supervisión de los adultos. Asegúrese de que a las calabazas se les hayan cortado abundantes agujeros para que así las velas del interior dispongan de suficiente aire para brillar intensamente.

- Una vez vaciadas y recortadas las calabazas, coloque varias lamparillas en su interior.

- Escoja un lugar para su comida, quizás en el jardín o en el bosque. El lugar ideal es un claro en el bosque con troncos sobre los que dejar los farolillos.

- Prepare un festín de Halloween agradable, como unas patatas al horno, sopa de calabaza y quizás algunos dulces para los niños que los quieran a cambio de no hacer una travesura.

- La celebración de Halloween podría convertirse en una fiesta sorpresa. Llévese las calabazas a escondidas al lugar escogido para el festín y enciéndalas con antelación. Luego saque a los niños fuera de casa dejando que se encuentren con el agradable brillo anaranjado de los farolillos dispuestos formando un camino que les conduzca a un festín inesperado.

- Después del festín de Halloween, los niños podrían practicar algunos juegos, como comer manzanas colgadas de cuerdas; el de las cajas (tendrán que adivinar lo que hay en su interior por el tacto y no mediante la vista); el del murciélago y la polilla, o jugar a pillar llevando linternas (*véase* «Juegos en la oscuridad», pág. 180).

LO QUE NECESITARÁ

- Calabazas de distintos tamaños
- Un cuchillo afilado
- Bolígrafos o lápices
- Lamparillas
- Alimentos propios de la estación
- Manzanas atadas a cuerdas o materiales para otros juegos (*véase* «Juegos en la oscuridad», pág. 180)

CONSEJOS DE SEGURIDAD

- Supervise detenidamente el corte de las calabazas, ya que se emplean cuchillos para cortar la resistente piel.
- Nunca deje a un niño solo cerca de farolillos encendidos.
- Tenga mucho cuidado con las velas en el bosque.
- Asegúrese de que todos los niños vayan bien abrigados con guantes y botas.

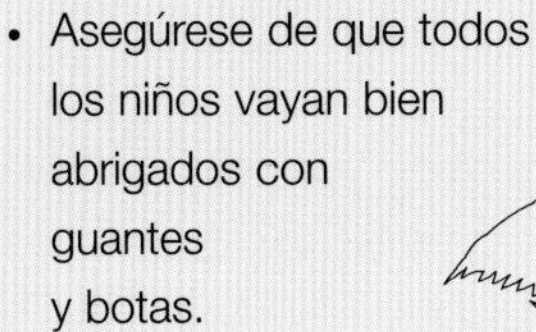

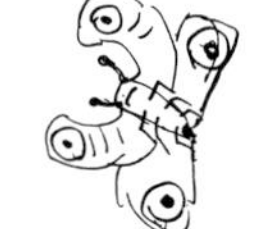

LOS MISTERIOS DE LAS POLILLAS

A medida que la noche cae en verano, multitudes de polillas salen de sus escondrijos para volar en busca de néctar o de una pareja. Su atracción, a veces suicida, por la luz implica que muchas veces las veamos enfrente de los faros del automóvil o atravesando una ventana abierta y dirigiéndose a una lámpara. Estas criaturas muy difamadas suelen considerarse una molestia, pero muchas polillas son tan hermosas como las mariposas, y con sus intrincados dibujos y su sutil coloración merecen una observación más detenida.

La irresistible atracción que tiene la luz para las polillas ayudará a los niños a capturarlas y a descubrir algunos de sus misterios. La captura de polillas tiene más éxito durante una noche estival cálida, sin viento y húmeda en un jardín y cerca de una fuente de electricidad. Esta actividad siempre debería llevarse a cabo bajo la atenta mirada de los adultos y cuando el clima sea seco.

LA ELABORACIÓN DE UNA SÁBANA-TRAMPA

Una sábana-trampa atraerá a las polillas hacia una tela blanca iluminada por una luz intensa, pero les permitirá volar alejándose si lo desean.

- Cuelgue una manta blanca vieja de una cuerda.
- Coloque una lámpara con una bombilla descubierta enfrente de la sábana.
- Esté atento a la sábana para ver cuántas polillas distintas son atraídas.
- Si dispone de una linterna grande y brillante, intente colocar sábanas-trampa en distintos lugares en plena naturaleza, para así ver si hay diferencias en cuanto al número y la variedad de las polillas atraídas.

LA ELABORACIÓN DE UNA CAJA-TRAMPA

Dispone de cajas-trampa para polillas en las tiendas, pero también es fácil para los niños construir una.

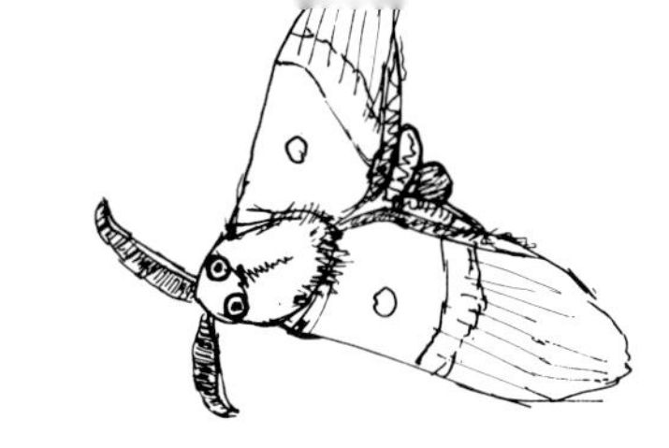

- Un adulto debería usar las tijeras o el cuchillo para cortar con cuidado la botella de plástico por la mitad.
- Rompa las tapas de dos o tres hueveras y encaje estas bandejas en la mitad inferior de la botella junto con dos trozos de papel de cocina arrugado. Esto proporcionará a las polillas un lugar para ocultarse, además de hacer que les resulte más difícil escapar.
- Dé la vuelta a la parte superior de la botella y colóquela en la base. Actuará a modo de embudo gracias al cual las polillas caerán a la base, donde podrán esconderse entre las hueveras.
- Coloque la trampa fuera de casa, cerca de una fuente de luz. Dirija la luz de modo que pase a través de la forma de embudo de la parte superior.
- Deje la trampa fuera de casa varias horas y vuelva a meter la trampa y la luz en casa si empieza a llover.
- Por la mañana, abra la trampa con cuidado y transfiera cualquier polilla que haya atrapado a un tarro o una caja grande para insectos dejando que se suban a un pincel. No las toque, ya que sus delicadas alas se dañarían con facilidad.
- Tras haber observado a las polillas vuelva a introducirlas en la trampa y libérelas al ocaso.

LA FABRICACIÓN DE UNA TRAMPA DE MELAZA

¿Se ha preguntado alguna vez por qué algunas flores emiten un olor fuerte por la noche? Lo hacen para atraer a las polillas, algunas de las cuales tienen un olfato muy agudo. Las polillas se verán atraídas hacia la melaza untada en el tronco de un árbol o un poste, y mientras liban la melaza podrá observarlas bajo la luz de una linterna.

LO QUE NECESITARÁ

- Una botella de plástico de 5 litros (del tipo usado para los productos de limpieza caseros) lavada concienzudamente por un adulto
- Unas tijeras o un cuchillo afilado
- Hueveras de cartón
- Papel de cocina
- Una lámpara con una bombilla descubierta
- Tarros o cajas grandes para insectos
- Pincel
- Lupas y una guía de campo sencilla

CONSEJOS DE SEGURIDAD

- No deje que los niños usen luces eléctricas sin supervisión.
- No use luces eléctricas fuera de casa cuando llueva o haya una gran humedad ambiental.

JUEGOS EN LA OSCURIDAD

A muchos niños les gusta la emoción de jugar fuera de casa después de que haya oscurecido: mis recuerdos de la niñez incluyen el juego de pillar con linternas, el escondite y espiar a los adultos. Pero, ¿a cuántos niños se deja salir a jugar fuera de casa después de que haya oscurecido?

Los viajes con el colegio o las actividades organizadas por grupos extraescolares ofrecerán oportunidades para jugar a juegos organizados en la oscuridad, pero las familias y los amigos también pueden sacar a los niños fuera de casa para disfrutar de juegos como el de la caza del hombre. También hay juegos más tranquilos que pueden implicar escuchar los sonidos nocturnos o intentar identificar objetos con el tacto.

LO QUE NECESITARÁ

LA CAZA DEL HOMBRE

Bastones luminosos

EL JUEGO DE PILLAR CON LINTERNAS

- Una venda para los ojos, como una bufanda
- Una linterna

LA CAZA DEL HOMBRE

En una noche oscura, un camino formado por bastones luminosos dirigió a un grupo de niños bulliciosos cada vez más dentro del bosque en busca de su presa: un adulto. Los bastones luminosos se habían colocado cuidadosamente, de modo que los niños pudieran ver el siguiente bastón luminoso situado más adelante. Con instrucciones estrictas para que fueran juntos, los niños más veloces esperaban al lado de cada bastón luminoso hasta que los demás llegaban. Incluso el niño más desobediente sentía un poco de temor por si se perdía, así que la oscuridad hizo que los niños fueran juntos y trabajaran en equipo. Pronto localizaron a su presa. Al recoger los bastones, los chicos les encontraron otras utilidades, como lanzarlos y hacerlos girar en el aire.

EL JUEGO DE PILLAR CON LINTERNAS

Este juego resultó ser muy popular en una de las fiestas de Jo fuera de casa. Jugado en un claro del bosque durante una noche muy oscura, animó a los niños a usar su sentido del oído y su instinto para cazar a la presa y les hizo sentir como si fueran verdaderos agentes secretos.

- A un niño se le vendan los ojos y se le da una linterna.
- Los otros se tumban, en círculo, a su alrededor. Su objetivo es el de cazar a su presa reptando sobre su vientre a través de la maleza lo más silenciosamente posible.
- El niño con los ojos vendados escuchará muy atentamente y enfocará la linterna en la dirección de cualquier ruido. Si la luz incide sobre uno de los niños, éste deberá quedarse quieto unos treinta segundos antes de poder volver a avanzar.
- El juego acaba cuando se captura al niño con los ojos vendados.
- A todos los niños se les debe dar la oportunidad de usar la linterna.

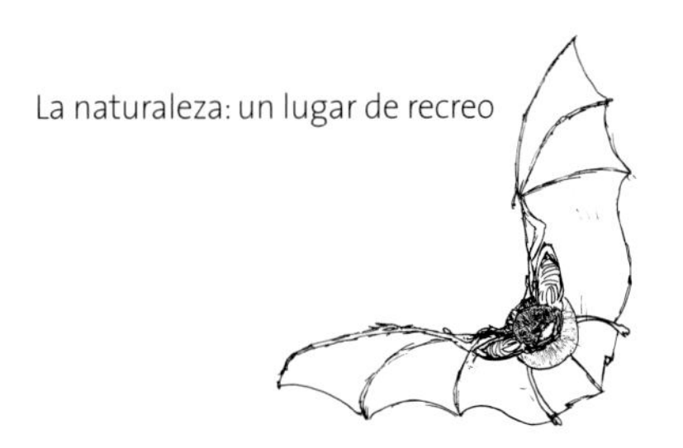

EL MURCIÉLAGO Y LA POLILLA

Los murciélagos que vemos revoloteando tras el ocaso capturan a sus presas mediante ultrasonidos (ecolocalización). Emiten unos sonidos de una frecuencia muy alta que rebotan desde cualquier objeto con el que se encuentren en su camino. Estas señales son captadas por los sensibles oídos del murciélago, lo que les permite formarse una imagen precisa de su entorno y detectar cualquier insecto en movimiento. La ecolocalización es la base de este juego en el que un niño con los ojos vendados desempeña el papel del murciélago y otro niño es la polilla. Aunque el juego se puede desarrollar en cualquier momento y cualquier lugar, es más divertido tras el ocaso, cuando los niños podrán ver a los murciélagos reales cazando polillas.

- Se escogerá a una persona, que será el murciélago. El resto estará a su alrededor, en círculo, dándose las manos o con los brazos extendidos.

LO QUE NECESITARÁ

«CAJAS TÁCTILES»

- Una caja o una bolsa o unas medias viejas
- Vendas para los ojos
- Un surtido de materiales naturales

CAMINOS CON SOGAS

- Sogas muy largas y resistentes

CONSEJOS DE SEGURIDAD

- Antes de jugar a los juegos nocturnos, dé a los niños una serie de instrucciones claras para que se queden todos juntos.
- Determine un lugar central de reunión, que puede quedar marcado con un farolillo.

- El «murciélago» llevará una venda en los ojos e intentará encontrar a las «polillas» mediante ecolocalización. Hará esto pronunciando la palabra «murciélago», a lo que las polillas deberán responder siempre diciendo «polilla».
- La polilla debe responder cada vez que el murciélago emita su sonido, lo que ayudará al murciélago a formarse una imagen sobre dónde puede encontrarse la polilla. Cuanto más frecuentes sean las llamadas (o los sonidos, en el caso de un murciélago real), mejor conocerá la localización de la polilla, incluso aunque ésta se mueva con rapidez.
- Un buen murciélago debe escuchar atentamente y concentrarse mucho. Una buena polilla deberá moverse con rapidez.
- Las personas que forman el círculo no proporcionarán más colaboración que ayudar al murciélago con los ojos tapados a mantenerse en el interior del círculo. Deben guardar silencio para que el murciélago y la polilla puedan oírse con claridad.
- Una vez que el murciélago haya localizado y atrapado a la polilla, el resto de los niños podrán jugar.
- Puede hacer que el juego resulte más complicado haciendo que haya dos polillas.

CAJAS TÁCTILES

Imagine la sensación de meter la mano en una caja o una bolsa sin saber lo que puede haber dentro. Las yemas de los dedos notan un objeto desconocido: quizás sea suave y baboso, o áspero y espinoso, o liviano y lanoso. Puede que no sepa, en un primer momento, de qué se trata. Este juego consiste en la identificación de objetos naturales misteriosos mediante el tacto. Puede jugarse en la oscuridad o con la ayuda de una venda para los ojos.

- Recopile objetos naturales con distintas texturas. Entre ellas pueden incluirse tierra, hojas muertas, un trozo de madera en descomposición, una bellota, una hoja de acebo, una pluma, lana de oveja, una piña de abeto o un caparazón de caracol vacío.
- Los materiales deben introducirse en cajas o bolsas para que los niños puedan tocarlos, pero sin verlos. Como alternativa, coloque cada material en el fondo de unas medias opacas y átelas con un nudo.
- Haga que los niños se sienten en círculo y dé a cada uno algo que identificar. Pídales que describan el objeto que están tocando antes de que digan lo que creen que es. ¿Puede alguien adivinar cuáles son los objetos misteriosos a partir de sus descripciones?
- En una fiesta se colocó una «caja táctil» sobre las rodillas de un padre. Mientras la mano de un niño se introducía en la caja, el padre repentinamente tomó la mano del niño, lo que provocó que el muchacho pegara un salto y el resto riera. A continuación todos quisieron intentarlo, sin saber si sus manos serían agarradas o no.

CAMINOS CON SOGAS

Un juego que funciona bien consiste en seguir caminos orientándose gracias a una soga y con los ojos vendados (*véase* pág. 149) en el bosque por la noche, cuando puede que la oscuridad sea tal que no sea necesaria la venda para los ojos. El camino debería trazarse de día. Sujete una soga larga a los árboles, a la altura de la cintura de los niños. Escoja una ruta sin o con poca maleza y en la que no haya ramas bajas. Vuelva tras el ocaso y anime a los niños a seguir la ruta en la oscuridad. Debería haber un adulto en cada extremo del camino.

MÁS INFORMACIÓN

NORMAS DE SEGURIDAD

Esperamos que este libro ayude a fortalecer la relación entre los niños y la naturaleza y que potencie que las familias descubran juntas más cosas sobre la naturaleza y sus secretos y maravillas. Sin embargo, los lugares naturales pueden ser impredecibles y en ocasiones peligrosos. Permita que los niños jueguen y exploren, pero proporcióneles los conocimientos necesarios para cuidar de sí mismos y de su entorno. Esta sección del libro ofrece consejos para mantenerse seguro y minimizar los daños en los lugares que visite, además de recomendarle algunos libros, organizaciones y páginas web que proporcionan consejos para salir en familia al campo y más información sobre la vida salvaje y la naturaleza.

NORMAS DE SEGURIDAD

Para cada excursión a la naturaleza, recuerde estas normas básicas de seguridad:

- Lleve siempre consigo un botiquín de primeros auxilios para tratar cortes, moretones y picaduras.
- Llévese un silbato y diga a los niños que si lo oyen deberán volver hacia donde está usted de inmediato.
- Recuérdeles que no deben hablar con desconocidos.
- Nunca deje que los niños jueguen cerca del agua sin vigilancia.
- No permita que los niños usen herramientas afiladas, como cuchillos o tijeras, a no ser que les vigilemos.
- No permita que un grupo de niños se disperse demasiado: anímeles a permanecer en parejas para llevar a cabo actividades tales como las de seguir rastros en plena naturaleza.
- Acuerden un punto central de reunión donde puedan volver a encontrarse tras una señal preacordada.
- Pida a los niños que nunca coman alimentos hallados en el campo a no ser que un adulto les diga que pueden hacerlo.
- Los niños deberían lavarse bien las manos después de haber jugado fuera de casa.

EL CÓDIGO FUERA DE CASA

Vaya donde vaya y haga lo que haga, use este código como recordatorio sobre cómo disfrutar de la naturaleza. Recuerde que tenemos la responsabilidad de salvaguardar los hábitats naturales y seminaturales para que las generaciones futuras los disfruten también.

- No deje restos. Llévese siempre la basura consigo.
- Manténgase dentro de los caminos marcados.
- Deje las verjas y las propiedades tal y como las ha encontrado.

- Lea y respete las señales y las notas.
- Evite los daños a los edificios, vallas, setos, muros y señales del camino.
- No moleste a los pájaros que estén anidando.
- Sea delicado con cualquier pequeño animal que capture. Obsérvelos con detenimiento antes de devolverlos al lugar donde los encontró.
- Si da la vuelta a un tronco para ver qué hay debajo, vuelva a dejarlo en su posición original.
- Nunca arranque ninguna planta silvestre. Tome sólo flores comunes y abundantes.
- Intente no hacer un ruido excesivo, ya que podría molestar a los animales y los pájaros.
- Evite cualquier riesgo de incendio.
- Mantenga a los perros controlados.
- Respete siempre a los demás. No permita que los niños corran sin control y molesten a otras personas mientras están disfrutando de la naturaleza.
- ¡DIVIÉRTANSE!

ENCENDER FUEGO

El consejo general sobre encender fuego en la naturaleza es que no lo haga: el riesgo es demasiado elevado. Sin embargo, y como cualquiera que se haya sentado alrededor del fuego de un campamento sabe, dichas hogueras tienen la capacidad de reunir a la gente al tiempo que nos hacen sentirnos más próximos a la naturaleza, y los niños se sienten atraídos por la magia de una hoguera. Hay pocas ocasiones en las que resulta adecuado encender fuego en el campo. Las hogueras fotografiadas en este libro fueron encendidas en la playa o en la granja de un amigo. Cualquiera que quiera disfrutar de la magia de una hoguera debe planearlo todo con antelación, unirse a alguien con experiencia en encender hogueras en el campo y seguir las siguientes normas:

- Pida siempre permiso al propietario del terreno.
- Nunca enciendo una hoguera si el clima es seco o si hace viento.
- Asegúrese de llevar con usted abundante agua.
- Escoja un lugar en el que el fuego no moleste.
- Prepare la hoguera directamente sobre una roca rodeada de una zona de tierra sin vegetación y sin raíces que sobresalgan.
- Haga que la hoguera sea lo más pequeña posible.
- Use sólo leña recolectada del suelo.
- Una vez que la madera se haya consumido y sólo queden cenizas, vierta agua sobre ellas y deje que se enfríen por completo. Esparza las cenizas y deje el lugar tal y como lo encontró.
- Para obtener más información sobre hogueras en el campo, lea libros y guías sobre excursionismo.

BIBLIOGRAFÍA RECOMENDADA

Los siguientes libros de ficción y de referencia pueden proporcionar ideas e información para los exploradores de la naturaleza (también puede buscar otras obras de los mismos autores). Muchos de los títulos listados han sido usados como fuentes para este libro.

FICCIÓN

Los cuentos pueden suponer un punto de inicio para todo tipo de juegos de fantasía y de aventuras imaginarias. Estos ejemplos de ediciones recientes de libros clásicos y modernos para niños pueden inspirarnos juegos y actividades en plena naturaleza.

Burnett, Frances Hodgson, *El jardín secreto*, ediciones Siruela, S.A. (2006).

Dahl, Roald, *El dedo mágico*, ediciones Alfaguara (2003).

Grahame, Kenneth, *El Viento en los sauces*, Alianza Editorial, S.A. (2003).

Lewis, C. S., *El león, la bruja y el armario*, ediciones Alfaguara (2002).

Milne, A. A., *Toco y veo Winnie Pooh*, ediciones Beascoa, S. A.

Nesbit, E., *The Railway Children*, Mediasat Group, S.A. (2003).

Paulsen, Gary, *El hacha*, Noguer Ediciones, S.A. (1991).

Ransome, Arthur, *Swallows and amazons*, Mediasat Group, S.A. (2003).

Sendak, Maurice, *Donde viven los monstruos*, ediciones Altea (2003).

Tolkien, J. R. R., *El Señor de los Anillos*, ediciones Minotauro (1995).

NO-FICCIÓN

Tanto si busca inspiración como consejos prácticos, los siguientes libros pueden ayudarle en sus exploraciones en la naturaleza.

Cornell, Joseph Bharat, *Vivir la naturaleza con los niños*, Círculo de Lectores, S.A. (1983).

Durrell, Gerald, *Mi familia y otros animales*, Alianza Editorial, S.A. (1997).

Einon, Dorothy, *Jugar y aprender*, ediciones Folio, S.A. (1990).

Manning, Mick y Granström, Brita, *Mi primer libro de la naturaleza*, editorial Everest, S.A. (1998).

McManners, Hugh, *Manual completo de supervivencia*, Naturart, S.A. (1999).

Thomson, John B., *Infancia natural*, Naturart, S.A. (1997)

Wilkes, Angela, *El gran libro de las actividades al aire libre*, Ediciones Timún Más, S.A. (1999).

GUÍAS DE CAMPO

Si usted y sus hijos quieren identificar las plantas y los animales que vean, existe gran variedad de guías de campo a su disposición. Las librerías y las bibliotecas le ofrecerán un surtido de guías de campo que satisfarán todos los niveles de interés y de conocimientos.

ORGANIZACIONES Y PÁGINAS WEB DE INTERÉS

NATIONAL TRUST

Membership Department, apartado de correos 39, Warrington, Lancashire WA5 7WD

www.nationaltrust.org.uk

Es una ONG que se encarga de la protección de castillos, jardines, reservas naturales, playas, restos arqueológicos, etc. Tienen propiedades al aire libre y organizan eventos (como excursiones en plena naturaleza para familias), alquilan propiedades y terrenos para celebrar bodas u otros eventos (aniversarios, conferencias, etc.). También disponen de libros y regalos.

NATIONAL TRUST FOR SCOTLAND

Wemyss House, 28 Charlotte Square, Edinburgh EH2 4ET

www.nts.org.uk

Es una ONG para la conservación de los espacios naturales y el legado cultural. Alquilan fincas, alojamientos y organizan cruceros, además de conferencias educativas. Es similar al National Trust.

HTTP://WWW.SENDERISME.COM/DEFAULT.ASPX?IDIOMA=ES-ES

Página web muy completa que dispone de agendas de actividades, alojamientos rurales, mapas, vías verdes, granes rutas (como el Camino de Santiago, por ejemplo). Tiene vínculos con distintas entidades excursionistas.

PADRES.COM/MODULES.PHP?NAME=NEWS&FILE=ARTICLE&SID=3415

Breve página web con propuestas de juegos con los niños al aire libre.

HTTP://WWW.MUNDOPADRES.ESTILISMO.COM/POP_UPS/ESPECIAL_PRIMAVERA/JUEGOS_PEQUENOS.HTM

Página web con juegos que podemos organizar con niños cuando salgamos fuera de casa.

HTTP://REDDEPARQUESNACIONALES.MMA.ES/PARQUES/INDEX.HTM

Página web con información general y sobre cada Parque nacional de España, noticias sobre actividades y juegos relacionados con el medio ambiente.

HTTP://WWW.MUNDOHOGAR.COM/IDEAS/REPORTAJE.ASP?ID=10971&MEN_ID=30

Pequeño artículo con actividades en la naturaleza con niños y algunos consejos al respecto.

También puede entretenerse consultando en buscadores de Internet temas como el turismo rural, entidades de excursionismo, senderismo, actividades al aire libre y en la naturaleza, reservas naturales, parques nacionales, etc.

ÍNDICE

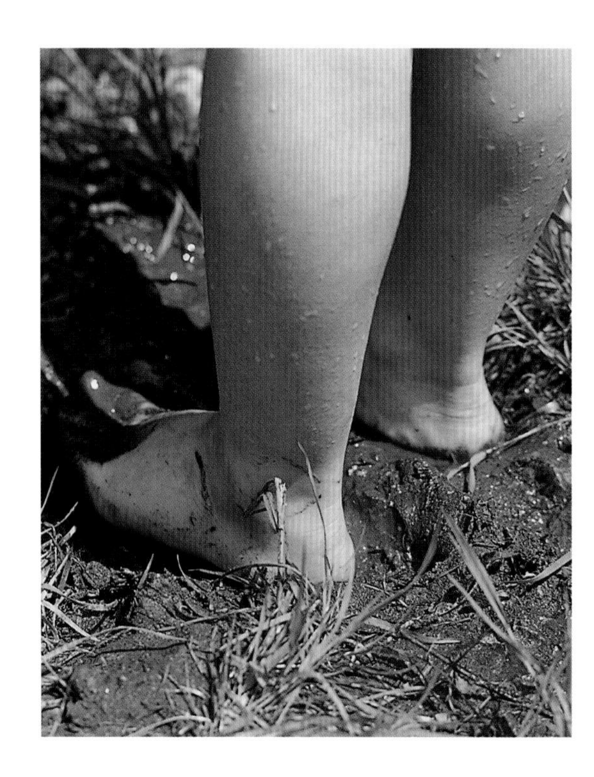

AGRADECIMIENTOS

No hubiera sido posible redactar este libro sin la ayuda de los siguientes niños y sus familias: Lily, Toby y Charlie; Edward y Carolyn; Cliffie, Frankie y Anya; Sam; Francesca y Mattie; Jessie, Alice y Johnnie; Bradley; Kristian; Felix, Rose y Patrick; Jessica, Sophie y Mac; Sam; Joey; Daisy y Oli; Kit; Harry; Ben; Carla, Louie, Stan y Frankie; Anna y Mary; Lydia, Helena y Lucien; Patrick y Andrew; Matty y Tristan; Harry; Edward; William; Magnus; Fiona, Eliza y Genki; Jessica; Sienna y Christopher; Dachini, Djed y Yemaya; Chloe; Josh; Alexander; Chloe y Holly; Rose; Scarlett y Bluebell; Charlotte; Tom y Ellie; Ashley y Cameron; Millie, Hattie y Henry; Tom; Millie y Eva; Frances y Tim; Jim, Neil y Evelyn; Faith y Edward; Anna, Ella y Tim; Kate; Robert; William. Muchas gracias por su entusiasmo y paciencia. Nos gustaría dar especialmente las gracias a Jake, Dan y Connie, y a Hannah y Edward, por haber sido tan buenos modelos; y a Ben y Peter por sus ideas y apoyo. Asimismo, nos gustaría dar las gracias al resto de personas, desde que apareció la idea hasta la publicación del libro, ha sido un proyecto de colaboración.

Las actividades e ideas contenidas en este libro proceden de distintas fuentes. Nos gustaría dar las gracias a los niños por sus sugerencias espontáneas, así como a los amigos que compartieron sus historias con nosotros. Algunas actividades forman parte del conocimiento general, mientras que otras han sido extraídas de mi experiencia como educador del medio ambiente. Los libros con los que nos inspiramos se mencionan en el apartado «Bibliografía recomendada» en la página 188. Si se han producido omisiones involuntarias, hágalo saber al editor, para que se rectifiquen en futuras ediciones.

Finalmente, me gustaría dar las gracias a todas las personas de Frances Lincoln que me han ayudado a que este libro fuera una realidad.